Research on Deepen the All-round Transportation Reform in the New Era

新时代交通运输全面深化改革研究

褚春超　高爱颖　蔡　垚　著

人民交通出版社股份有限公司

北　京

内 容 提 要

本书介绍了新时代交通运输全面深化改革的内涵，阐述了交通运输深化改革的历程与成效，剖析了交通运输改革面临的问题与形势需求，借鉴了国外交通运输改革发展实践经验，提出了新时代交通运输全面深化改革的思路方向、重点任务部署和保障措施。

本书可供交通运输行业的管理者、研究人员和从业人员学习和参考。

图书在版编目(CIP)数据

新时代交通运输全面深化改革研究 / 褚春超，高爱颖，蔡垚著. — 北京 : 人民交通出版社股份有限公司，2020.12

ISBN 978-7-114-16991-5

Ⅰ.①新… Ⅱ.①褚… ②高… ③蔡… Ⅲ.①交通运输业—管理体制—体制改革—研究—中国 Ⅳ.①F512.1

中国版本图书馆 CIP 数据核字(2020)第 261570 号

Xinshidai Jiaotong Yunshu Quanmian Shenhua Gaige Yanjiu

书　　名：新时代交通运输全面深化改革研究
著 作 者：褚春超　高爱颖　蔡　垚
责任编辑：牛家鸣
责任校对：席少楠
责任印制：张　凯
出版发行：人民交通出版社股份有限公司
地　　址：(100011) 北京市朝阳区安定门外外馆斜街 3 号
网　　址：http://www.ccpcl.com.cn
销售电话：(010) 59757973
总 经 销：人民交通出版社股份有限公司发行部
经　　销：各地新华书店
印　　刷：北京交通印务有限公司
开　　本：787×960　1/16
印　　张：13.25
字　　数：152 千
版　　次：2020 年 12 月　第 1 版
印　　次：2020 年 12 月　第 1 次印刷
书　　号：ISBN 978-7-114-16991-5
定　　价：80.00 元

《新时代交通运输全面深化改革研究》编写组

主　　编：褚春超　高爱颖　蔡　垚

成　　员：欧阳斌　赵新惠　龙雨璇　张晓利　卞雪航

徐　婧　周艾燕　李燕霞　王海霞　刘晓雷

前　　言

Foreword

改革开放是党和人民大踏步赶上时代的重要法宝，是坚持和发展中国特色社会主义的必由之路，是决定当代中国命运的关键一招，也是决定实现“两个一百年”奋斗目标、实现中华民族伟大复兴的关键一招。党的十九大再次强调，全面深化改革总目标是完善和发展中国特色社会主义制度，推进国家治理体系和治理能力现代化。经济发展，交通先行。新时代，在奋力开启交通强国建设伟大新征程中，推动交通运输全面深化改革，必须牢牢把握全面深化改革总目标，把建设人民满意、保障有力、世界前列交通作为改革的出发点和落脚点，加强党对全面深化改革的集中统一领导，坚持治理体系和治理能力建设两手抓，着力增强改革系统性、整体性、协同性，让改革发展成果更多更公平地惠及全体人民，不断地实现新时代人民对美好生活的向往。

本书共分八章，第一章阐释了全面深化改革与治理现代化、转型升级发展的关系，及新时代交通运输全面深化改革的内涵；第二章剖析了改革开放历史大背景下，交通运输改革发展阶段、取得成效及主要经验；第三章坚持问题导向，总结在深化综合交通管理改革、转变政府职能提升治理、深化改革创新提升服务和完善制度优化政策环境等方面突出问题；第四章从贯彻落实国家深化改革精神要求、行业自身发展需求等层面，系统阐述新时代交通运输全面深化改革面临的形势与要求；第五章系统梳理典型国家在管理体制机制、战略规划、政策法规、财税政策等方面，推动交通运输改革发展实践与做法；第六章坚持目标导向和结果导向，从“大部门”管理改革、“大资源”统筹优化、“优服务”改革创新、“高质量”发展升级、“强保障”政策制度等方面，提出新时代深化改革方向；第七章针对全面深化改革总目标，围绕交通强国建设战略部署，明确新时代交通运输全面深化改革的任务部署；第八章从加强组织领导、加强顶层设计、推动改革创新、强化责任意识等方面，提出推动交通运输全面深化改革的保障措施。

本书的编写出版，得到了从事这一领域研究的诸多领导和同事的支持帮助，在此一并致谢，衷心感谢大家的关心支持！

作　者

2020 年 6 月

目　　录

Contents

第一章　新时代交通运输全面深化改革的内涵

本章从全面深化改革的重要思想、总要求、实施路径和重点方法等视角，阐释了对全面深化改革的基本认识，理清了新时代全面深化改革与交通运输治理现代化、交通运输转型升级发展的关系，提出了新时代交通运输全面深化改革的内涵，为新时代进一步推动全面深化交通运输改革奠定理论基础。

第一节　关于全面深化改革的基本认识

党的十八届三中全会后，习近平总书记亲自担任中央全面深化改革领导小组组长，既挂帅又出征，对改革整体布局、重大问题、关键环节作出一系列重要指示，厘清改革发展稳定等重大关系，明确全面深化改革的科学路径和有效方法，提出要加强和改善党对全面深化改革统筹领导，坚持问题导向，狠抓改革落实，形成了改革开放以来最为丰富、全面、系统的改革方法论。

一、全面深化改革重要思想

新时代开启全面深化改革新征程，必须认真贯彻落实习近平总书记关于全面深化改革的重要论述。

厘清了改革发展稳定等重大关系。把抓改革落实与落实“四个全面”战略布局、落实新发展理念结合起来，与抓经济发展、社会稳定、民生改善、党的建设等工作结合起来,用改革带动和推动各项工作。

明确了新的历史条件下全面深化改革的关键地位和重要作用。提出改革开放是决定当代中国命运的关键一招,也是决定实现“两个一百年”奋斗目标、实现中华民族伟大复兴的关键一招,是我们进行具有新的历史特点的伟大斗争的重要方面。

坚定了全面深化改革的方向和道路。提出改革是在中国特色社会主义道路上不断前进的改革,既不走封闭僵化的老路,也不走改旗易帜的邪路。

确立了全面深化改革的总目标和价值取向。提出要完善和发展中国特色社会主义制度,推进国家治理体系和治理能力现代化,以促进社会公平正义、增进人民福祉为改革出发点和落脚点。

谋划了全面深化改革的科学路径和有效方法。提出要坚持一张蓝图绘到底,必须加强党对改革的领导,必须坚持问题导向,必须狠抓改革落实,必须深化对改革规律的认识和运用,形成了改革开放以来最为丰富、全面、系统的改革方法论。

二、全面深化改革的总要求

全面深化改革不是一个新概念,党的十三大以来,历次中国共产党全国代表大会都曾提出全面改革、深化改革,要准确领会新时代提出的全面深化改革的内涵,必须立足深化改革的发展方向,深刻理解全面深化改革的要义,即中心在改革、关键在深化、重点在全面。首先,中心是改革。经过几十年的历史实践证明,改革开放是当代中国发展进步的活力源泉,是党和人民大踏步赶上时代前进步伐的重要法宝,是坚持和发展中国特色社会主义的必由之路。其次,关键是深化。现在,我国改革已经进入攻坚期和深水区,改革中的矛盾只能通过改革的深化来解决。再次,重点是全面。全面改革不是某个领域、某个方面、某个环节的单项改革。而是全面地、系统地推进所有领域改革。改革不可一蹴而就,也不能平均用力,必须明确改革的章法,既要步步深入地推进,又要以重点带动全局。

全面深化改革之强调深化。改革是一个不断深化的过程。当前提出的全面深化改革之"深化",其内涵主要体现在两个方面:首先,"深化"是针对改革遇到的"硬骨头"和"险滩"来讲的,强调的是新阶段改革呈现出新特征,推进改革就必须敢于啃硬骨头、敢于涉险滩。习近平总书记指出,"容易的、皆大欢喜的改革已经完成了,好吃的肉都吃掉了,剩下的都是难啃的硬骨头"。中国改革经过40多年,过去的改革面对的是"好吃的肉"和"难啃的硬骨头"并存的局面,但随着改革进入深水区,当前我们面临的改革任务基本都是"难啃的硬骨头",必须下大力气把它"啃"下来。其次,"深化"是以全面深化改革总目标为标尺的。过去讲深化,主要是相对于之前的状况而言。现在讲深化,不仅是针对之前的状况,更是针对总目标,关键要看是否有利于完善和发展中国特色社会主义制度,是否有利于推进国家治理体系和治理能力现代化。比如,经济体制改革要看是否有利于使市场在资源配置中起决定性作用,社会体制改革要看是否更好保障和改善民生、促进社会公平正义等。在新的发展起点上,全面深化改革要事事、时时对标对表总目标,只有这样才能保持正确的改革方向,才能正确判断改革的进度、正确评估改革的成效。

全面深化改革之突出全面。习近平总书记指出,"全面深化改革,全面者,就是要统筹推进各领域改革,就需要有管总的目标,也要回答推进各领域改革最终是为了什么、要取得什么样的整体结果这个问题"。过去讲全面改革,其"全面"强调各领域都进行改革,重点在"都";而全面深化改革之"全面",强调各领域改革是一个整体,重点在"整体"。这就要求,在认识上,要重视各领域、各环节改革的关联性及关联机制,更深刻、更精准地把握改革的整体性及其内在规律;在实践上,要重视各领域、各环节改革相互配套、协调,加强各领域改革的联动和集成,实现改革的系统性、整体性、协同性。

三、全面深化改革实施路径

全面深化改革的总目标从国家层面指明了全面深化改革的方向,即完善和发展中国特色社会主义制度、推进国家治理体系和治理能力现代化。同时,站在新的更高起点,明确了推进途径,即:坚决破除一切不合时宜的思想观念和体制机制弊端,突破利益固化的藩篱,吸收人类文明有益成果,构建系统完备、科学规范、运行有效的制度体系,充分发挥我国社会主义制度优越性。

(一)坚持顶层设计,统筹谋划

坚决破除一切不合时宜的思想观念和体制机制弊端,突破利益固化的藩篱,是为改革前行扫清道路的重要举措。当前,改革步入了深水区和攻坚期,能不能革除体制机制弊端,能不能突破利益固化的藩篱,逐步形成合理的发展格局,是全面深化改革面临的主要挑战和重大难题,决定着全面深化改革能否继续深入推进。而解决体制机制弊端和突破利益固化藩篱的问题,需要科学的顶层制度设计,以及相应的强力执行。顶层设计本义是统筹考虑改革发展的各层次和各要素,在最高层次上寻求全局性问题的解决之道,顶层设计要高度重视对发展实践的总结和归纳,把对实践经验进行规范化、法治化作为设计改革方案的重要途径。

(二)坚持措施落地,讲求实效

综观习近平总书记重要讲话,大凡论及改革问题,始终强调“落实”二字,对于全面深化改革更是多次强调要推动各项改革举措落地见效。要切实解决改革落实中存在的“华而不实的表面文章”“最先一公里”“中梗阻”“最后一公里”等问题,既要从干部作风等主观方面找原因、想办法,更要以实事求是的态度,总结改革落实的经验,研究改革落实的规律,完善改革落实的机制,对改革落实方式本身进行改革。

(三)坚持吸纳借鉴,完善体系

吸收人类文明有益成果,是构建和实现中国特色社会主义现代化制度体系,推进国家治理体系和治理能力现代化的重要手段。历史是人类对国家治理试验和实施的过程,既有成功经验,也有失败教训,以史为镜,深入思索,认真总结,服务于国家治理的不断改善和提升。中国特色社会主义制度在不同发展时期,实施上和操作上也存在一些不完善的地方,需要优化提升和持续完善,更大程度地发挥中国特色社会主义制度的优越性、先进性。构建、实施与完善党领导下的管理国家的制度体系,以及培育和加强运用国家制度管理社会各方面事务的能力,中国特色社会主义伟大事业的各个方面就有了制度保障、体系保障、能力保障,这是最根本、最基础,也是最强大的保障。

四、全面深化改革的重点方法

改革重点任务。中国共产党第十九次全国代表大会,对下一步推进全面深化改革的重点领域和关键环节做出了明确部署:深化供给侧结构性改革,把提高供给体系质量作为主攻方向;深化金融体制改革,守住不发生系统性金融风险的底线;推动形成全面开放新格局,赋予自贸区更大改革自主权;改革生态环境监管体制,设立国有自然资源资产管理和自然生态监管机构;深化行政体制改革,赋予省级及以下政府更多自主权等。

推动改革方法。坚持问题导向,牵住改革"牛鼻子",以重点突破带动全面推进,是改革方法论的重要内容。要注重牢牢牵住改革"牛鼻子"。要把各领域基础性改革抓在手上,把具有标志性、引领性的重点改革任务抓在手上,把具有牵引作用的改革抓在手上,要牵住改革"牛鼻子",这是非常重要的改革方法论。牵"牛鼻子"强调要精准发力、精准施策,对症下药,分类实施,提高改革的精准度、针对性。当前,落实改革举措最重要的就是找准可以牵动全局的“牛鼻子”，而能否找到“牛鼻子”是检验各级领导干部是否真正理解全面深化改革的试金石。深化党和国家机构改革，就是牵住了新时代改革的“牛鼻子”，抓住这个关键环节带动各领域改革举措。全面深化改革绝不是全面出击，而是主抓重点和整体推进相结合、治标和治本相促进、重点突破和渐进推动相衔接，既要全局在胸、统筹谋划，又要集中用力、精准发力。

第二节　全面深化改革与交通运输治理现代化

党的十八届三中全会《关于全面深化改革若干重大问题的决定》明确提出：全面深化改革阶段性目标是，到2020年形成系统完备、科学规范、运行有效的制度体系，使各方面制度更加成熟、更加定型；总目标是完善和发展中国特色社会主义制度，推进国家治理体系和治理能力现代化。党的十九大再次重申，全面深化改革总目标是完善和发展中国特色社会主义制度，推进国家治理体系和治理能力现代化。总目标由两句话组成，是一个统一整体，前一句规定了根本方向，即中国特色社会主义道路；后一句规定了所走路径，两者相辅相成，只有不断推进社会各方面各领域的体制机制的创新，完善中国特色社会主义制度，才能最终实现国家治理体系现代化，实现国家治理能力的现代化。而国家治理体系和治理能力的现代化，又会推动完善和发展中国特色社会主义制度，使这个制度成熟而持久，制度优势充分发挥。

一、治理、治理体系与现代化

（一）治理与现代化

历史上，“治理”（governance）和“统治”（govern）一直被认为是同义词,到20世纪90年代,西方政治学家以及经济学家对于“治理”进行了深入研究,认为“治理”涵盖范围更广。詹姆斯·N·罗西瑙认为治理不同于统治,治理是一种管理机制,虽然没有正式授权,却可以发挥很大作用。治理的主体不一定是政府,在对公共事务的管理中也未必需要依靠国家强制力量来实施。另一位权威专家格力·斯托克(Gerry Stoker)将治理概括为五个要点:(1)治理表示政府不是国家唯一的权力中心,其他公共机构和行为者也可以获得权力;(2)治理明确指出,在解决社会和经济问题过程中,存在权责和界限的模糊性;(3)在涉及集体行为时,各个致力于集体行动的组织之间存在着权力依赖,各组织间彼此依靠;(4)最终参与者会在某个特定的领域内形成一个自主治理网络;(5)办好事情的能力除了政府下命令或运用权威,还有其他的管理技术和方法。

全球治理委员会在《我们的全球之家》研究报告中对治理做出界定,认为治理是各种公共机构(或私人机构)和个人采用诸多方式对公共事务进行管理的动态过程,它对不同的利益或者冲突进行协调,并使之采取联合行动,它包含迫使人们服从正式的制度和规则,也包括人们同意的各种非正式制度的安排。认为治理具有四个特征:(1)治理是一个动态过程,不是一整套规则或者单一活动;(2)治理的基础是协调而非控制;(3)除了公共部门,治理也涉及私人部门;(4)治理是一种持续的互动而非正式制度。可以说人类历史政治经历了从“统治”到“管理”再到“治理”的过程,尤其是近代,信息技术的快速发展、后工业经济的出现,人类社会进入社会危机和生态危机相交织的风险社会,治理危机、权威危机、信任危机和合法性危机相互交织,社会越来越呈现出整体性、系统性、不确定性等复杂特点,治理理论得到广泛应用。

随着时代的变迁,新事物的出现、新技术的应用,使得治理理论也在不断发展创新,以适应现代化的节奏和需求。治理能力现代化是在一定范围内,政府、社会组织、公众等组成多元治理主体,依托制度和法律,运用现代化管理手段对相关事务进行管理,以解决当前面临的问题并达到治理目标的能力。治理能力现代化一般包含:治理主体多元性、治理手段多样性、治理过程有序性等,具体有规划合理战略化、决策民主科学化、执行公开法治化、监管全面协调化、主体互动合作化、改革综合配套化等。

(二)制度规范体系

制度体系。制度经济学家诺斯认为"制度是个社会的游戏规则,更规范地讲,它们是为人们的相互关系而人为设定的一些制约"。他将制度分为三种类型,即正式规则、非正式规则和这些规则的执行机制。正式规则又称正式制度,是指政府、国家或统治者等按照一定的目的和程序有意识创造的一系列的政治、经济规则及契约等法律法规,以及由这些规则构成的社会的等级结构;非正式规则是人们在长期实践中无意识形成的,具有持久的生命力,并构成世代相传的文化的一部分,包括价值信念、伦理规范、道德观念、风俗习惯及意识形态等因素;执行机制是为了确保上述规则得以执行的相关制度安排,它是制度安排中的关键一环。这三部分构成完整的制度内涵,是一个不可分割的整体。

规范体系。凡是能够对人们的行为起到一种指引和约束作用的规范种类,都是一种规范类型。规范体系,是指由所有的规范类型组合起来的有机体系。从这个意义上来说,当代中国规范体系的制度结构,可以分为以下四大体系:法律规范体系、党的规范体系、国家政策体系和社会规范体系。法律规范体系,按照《中华人民共和国宪法》对法律体系的界定和《中华人民共和国立法法》对法律体系的架构,法律体系分为七大法律部门;在法律体系的位阶上,有宪法、法律、行政法规、国务院部门规章、地方性法规、地方政府规章、自治条例和单行条例。党的规范体系由党内法规和党的政策两大体系组成，党内法规主要包括党章、党规、党纪等以条文形式出现的规范性文件；而党的政策主要包括党的路线、方针、政策，以及那些不用条款形式表述的但又具有普遍约束力、可以反复适用的党的决议、决定、意见、通知等规范性文件。国家政策体系是指在一个时期内有关国家改革和发展的宏观性的规划和战略性的决策，比如决策、路线、方针、规划、计划、纲领都是政策的体现，具体包括技术政策、产业政策、税收政策、价格政策、就业政策、财政政策、社会保险政策、公共政策、计划生育政策、国家货币政策、民族贸易政策、科技政策、航运政策、教育政策等。社会规范体系指习惯、道德、宗教、自制（治）规范（诸如社团章程、大学章程、乡规民约、村规民约等），是规范体系的一个重要组成部分，由于其本身具有的社会属性，天然具备“亲民性”和“接地气”特点，对于调节社会生活、民间生活，规范公民日常生活交往，发挥着其不可替代的作用，尤其对于社会治理而言，带有自组织性质和自治性质的社会规范会成为国家法律调整下的社会自治的主要规范类型。

（三）中国特色社会主义制度体系

十八届三中全会提出，“全面深化改革的总目标是完善和发展中国特色社会主义制度，推进国家治理体系和治理能力现代化”；十八届四中全会将全面推进依法治国的总目标确定为“建设中国特色社会主义法治体系，建设社会主义法治国家”。党的十九大明确提出，“坚定不移走中国特色社会主义法治道路，完善以宪法为核心的中国特色社会主义法律体系，建设中国特色社会主义法治体系，建设社会主义法治国家”。中国特色社会主义制度，就是中国共产党在带领人民探索社会主义道路的长期实践中，注重把成功实践中行之有效的方针政策及时上升为党和国家的各项制度,逐步形成了关于政治建设、经济建设、文化建设、社会建设、生态文明建设及党的建设各个领域的制度成果。十八届四中全会提出,全面推进依法治国的总目标是"建设中国特色社会主义法治体系,建设社会主义法治国家",并将"中国特色社会主义法治体系"分解为如下五个方面:"形成完备的法律规范体系、高效的法治实施体系、严密的法治监督体系、有力的法治保障体系,形成完善的党内法规体系"。习近平总书记指出,中国特色社会主义道路是实现途径,中国特色社会主义理论体系是行动指南,中国特色社会主义制度是根本保障,三者统一于中国特色社会主义伟大实践。中国特色社会主义制度坚持把根本政治制度、基本政治制度和基本经济制度以及各方面的体制、机制等具体制度有机结合起来,坚持把国家层面民主制度同基层层面民主制度有机结合起来,坚持把党的领导、人民当家做主、依法治国有机结合起来,符合我国国情,集中体现了中国特色社会主义的特点和优势,是中国发展进步的根本制度保障。

(四)交通治理制度体系

根据上述分析,结合交通行业发展实际和特点,可以将推进交通治理现代化中需要进一步完善的制度体系,划分为交通体制机制、战略规划体系、法律法规体系、标准规范体系、政策制度体系等子体系。

交通体制机制。党的十九届三中全会审议通过的《中共中央关于深化党和国家机构改革的决定》从五个方面对完善坚持党的全面领导的制度做出具体部署,将党的全面领导这一关系改革方向和前途的核心问题,置于党和国家机构职能体系的制度框架中心。由此可见,党和国家的机构及其职能体系是中国特色社会主义制度的重要组成部分,是我们党治国理政的重要保障,也是发挥中国特色社会主义制度优势的重要支撑。

战略规划体系。战略是重大的、带全局性的或决定全局的谋划；规划是实施总体目标的行动计划，可以把规划视作落实战略的实施方案。列宁说过，任何计划都是尺度、准则、灯塔、路标。交通运输战略规划涉及公路、铁路、水运、民航以及综合交通规划，涵盖交通运输总体规划、专项规划和区域规划。战略规划作为政府实施宏观调控的重要手段，在政府管理活动中具有极其重要的地位和作用。我国开展交通规划已经有多年的历史，规划编制有效指导了各层面交通建设，尤其在建成交通基础设施网络发展过程中发挥了重要作用。

法律法规体系。良法善治，完善的法律法规体系是开展依法治国的前提。广义上讲，交通治理的法律法规体系应包括完备的法律规范体系、高效的法治实施体系、严密的法治监督体系、有力的法治保障体系。

标准规范体系。交通标准体系是交通强国建设的重要支撑。通过完善标准体系建设、强化标准供给，可以促进多种运输方式融合发展，促进交通走出去与国际接轨，可以促进科技成果更快转化应用，推动交通高质量发展。

政策制度体系。政策制度是国家、政府为实现一定历史时期的任务和目标而规定的行动准则和行动方向。这里指除法律法规、战略规划、标准规范外的，其他具有行业指导管理作用的指导性、规范性文件，包括有关制度、意见、决议、领导讲话等政策工具，集中体现为产业政策，包括产业结构政策、产业组织政策、产业技术政策、产业布局政策、投融资政策、可持续发展政策和环境保护政策等。

二、交通治理现代化基本内涵

治理现代化包括治理体系现代化和治理能力现代化两个方面，是科学完善的制度体系和善治的治理能力的有机统一。推进交通运输治理现代化，归根结底，就是要完善交通运输治理制度体系，建设与交通强国建设历史使命相适应的治理理念、治理结构、治理规则、治理方式等，推动交通运输资源配置更有效率，促进交通运输发展水平更高质量，支撑交通运输服务国家战略更加有力，建设人民满意的交通更有保障。

（一）交通治理现代化的价值目标：促进效率、公平、可持续

作为基础性、服务性、先导性行业，交通运输治理现代化，归根结底，就是要促进交通运输更有效率、更加公平、更可持续发展。**更有效率**是指，交通运输在治理结构、治理规则、治理方式等方面效率更高，核心是进一步理顺政府和市场的关系，更好地激发市场活力和正确发挥政府作用，推动交通运输资源配置依据市场规则、市场价格、市场竞争实现效益最大化和效率最优化，使交通运输的供给总量充足与结构均衡，更加便民利民；**更加公平**是指，交通运输治理理念和治理模式更加注重公民与社会的公平享有和平等参与，核心是正确处理改革与发展的关系，在改革发展中促进交通运输基本公共服务均等化，保障公民和各类市场主体依法公平地享受交通运输福利、负担交通运输成本、进入交通运输市场，实现公平竞争，促进共同富裕；**更可持续**是指，交通运输治理在制度安排、价值导向等方面更加注重行业发展规律和特点，核心是正确处理当前与长远的关系，加快推进交通运输行业转型升级，在财政负担、国民福利、资源环境承载上实现持久平衡，持续为社会提供更加丰富多样、高品质的服务，实现与自然资源、生态环境的和谐发展。

（二）交通治理现代化的核心要义：完善制度体系坚持四个理性

现代国家和社会的治理，首先表现为完善规范体系的治理。推

进交通运输治理现代化，核心是要从行业本质特征出发，完善制度体系，使交通运输真正做到技术理性、经济理性、社会理性、生态理性的有机统一。**坚持技术理性**，就是要不断提高交通运输网络覆盖广度与通达深度，提高信息化、智能化水平，使交通运输更加安全、便捷、可靠，通行和服务效率更高。**坚持经济理性**，就是要不断解放和发展交通运输生产力，推动交通运输国民财富持续增长，最大限度地满足公众出行需求和服务经济社会发展，使交通运输更加利民、惠民，实现经济效益最大化。**坚持社会理性**，就是要使交通运输不断实现好、维护好、发展好最广大人民群众的根本利益，注重公共利益、公平正义、稳定秩序，合理调控交通运输供给与需求，不断提高交通运输服务满意度。**坚持生态理性**，就是要从经济、社会和环境的多角度综合考虑交通运输发展，把交通运输发展对资源、能源消耗和环境的不良影响降到最低，同时提高交通运输对经济社会发展的服务效率。

（三）交通治理现代化的根本途径：协同共治与改革创新

有为的政府、有效的市场和有机的社会，是现代化国家的三根支柱。交通运输治理现代化的构建应立足于“政府—市场—社会”三位一体，理顺各个治理主体之间与内部的权责关系，形成协同高效、良法善治、共同参与的良好局面。另外，改革创新是实现治理现代化的根本动力。要在法治下推进改革，在改革中完善和强化法治。推进交通运输治理现代化，要解放思想，敢于冲破传统观念束缚，抓住制度创新这个核心，加强战略研究，大胆进行理论创新，从战略上谋划行业治理体系现代化，释放和增添行业活力。要深度利用现代的信息技术和网络技术，善于把党的优良传统和新技术、新手段结合起来，创新为民谋利、为民办事、为民解忧的机制，促进行业治理能力的不断提升。

三、把握交通治理现代化几个重要关系

(一)交通治理现代化与交通强国建设关系

党的十九大报告提出建设交通强国,这是党和人民赋予交通运输行业的新的历史使命,开启了新时代交通运输伟大事业的新征程。交通运输治理现代化作为国家治理现代化的重要组成部分,与交通强国建设相互依存、密切相关。一方面,交通运输治理现代化是交通强国建设的重要内容和显著特征。在《交通强国建设纲要》中,推进交通运输治理体系和治理能力现代化是发展目标之一,完善治理体系、提升治理能力是重要建设内容。总的来看,打造现代化交通运输治理体系,不断提升交通运输治理能力,是交通强国建设的重要组成部分和切入点。行业治理现代化作为交通运输现代化的重要指标,已成为交通强国建设软实力强的重要特征。另一方面,治理现代化是实施交通强国建设的重要支撑和制度保障。通过深化体制机制改革,积极构建政府、市场、社会等多方共建共治共享的现代治理体系,创新治理方式,提升治理能力,可为交通强国建设保驾护航,为推动构建安全、便捷、高效、绿色、经济的现代化综合交通体系提供更好的服务和支撑。

(二)交通治理现代化与交通运输发展的关系

交通运输治理现代化与交通运输发展两者紧密相关,交通运输发展作为经济基础,交通运输治理现代化作为上层建筑,两者相辅相成、互为作用,交通运输发展得好意味着交通运输治理得好,交通运输治理好了会促进交通运输发展更好。发展带来了经济的快速增长,产生了庞大的交通运输需求和创新,带动行业高速发展,也加快推动了行业治理能力的提升。当前,必须改变传统上依靠行政力量和计划手段主导交通运输治理体系,通过深化体制机制改革,进一步发挥市场机制和公众参与的作用,增强交通运输治理现代化的内生

动力。创新是交通运输治理现代化的又一动力。推动交通运输领域大众创新、开放创新、协同创新，建设创新型行业，通过多主体、多要素的参与互动，加快实现从侧重生产范式向侧重治理范式的转变，推动行业发展不断向前推进。

（三）交通治理现代化中政府与市场的关系

一直以来，为解决交通运输发展过程中面临的各种问题，交通运输管理、治理都是围绕着政府与市场的关系来推进相关工作的，未来将更加关注社会治理，构建政府、社会、市场协同共治的格局。**在政府治理方面**，要侧重于规范行政权力运行和加强法治政府建设，从简政放权、建立权力清单、责任清单、负面清单入手加快职能转变，增强统筹调控与宏观把握能力，在提供交通运输公共服务和加强市场监管中发挥更大作用。**在市场治理方面**，要侧重进一步放开市场准入、完善市场规则，发挥市场在交通运输资源配置中决定性作用，加快完善交通运输现代市场体系，推动交通运输资源配置依据市场规则和市场竞争实现效益最大化。**在社会治理方面**，要侧重进一步增强公民参与交通运输治理的自觉意识，发挥社会组织作为第三部门的重要作用，在行业诚信建设、职业道德等方面积极发挥行业自律和监督作用，对社会舆论进行积极引导，营造良好的行业发展环境，不断提高交通运输领域社会多元治理的水平。

第三节　全面深化改革与交通运输转型升级发展

改革开放是决定当代中国命运的关键一招，也是决定实现“两个一百年”奋斗目标、实现中华民族伟大复兴的关键一招。当前，我国经济正处于新旧动能转换和转型升级的关键时期，需要坚持发展第一要务，落实五大新发展理念，坚定不移推进全面深化改革尤其是供给侧结构性改革，通过创新引领经济转型升级，通过全面深化改革推动经济转型升级。

一、交通运输转型升级路径选择

转型是事物由一种稳定状态有目标地向另一种稳定状态转变的过程。转型不是突变，更不是对过去的全盘否定，而是在继承基础上的发展；转型是一个螺旋式上升、稳步推进的过程，目的是实现新的发展，它不可能一蹴而就，而是一个相对长期的过程。总之，转型升级发展，是在对现有发展基础的合理继承、有效提升上，向更高层发展水平迈进的过程，是一个螺旋上升的渐进过程。在选择具体转型策略的过程中，一般可以通过构建 SWOT 分析矩阵，评估发展的优势与劣势、机遇与挑战，立足当前，着眼长远，明确战略选择，具体如表 1-1 所示。

转型发展 SWOT 分析矩阵 表 1-1

矩　　阵	优势(S)	劣势(W)
机遇(O)	SO(增长性战略)	WO(扭转型战略)
挑战(T)	ST(多元化战略)	WT(防守型战略)

针对交通运输业来说，根据交通效用曲线理论[1]，目前我国交通运输发展大致处在第二阶段(总社会效用成长期，对应于交通加快发展阶段)向第三阶段(总社会效用衰减期，对应于交通网络形成阶段)的过渡时期，即正处于正效用增速减缓、负效用增速加快的矛盾交织阶段，机遇与挑战并存，希望与困难同在。对应上述 SWOT 矩阵的三个战略选择分别是：

增长性战略，依靠内部优势去抓住外部机遇的战略(SO)，即继续加大投资基础设施建设，持续增加交通的正效用。但是由于负外部

[1] 交通的社会效用就是社会对交通促进经济发展和社会进步的满意程度。

性急剧增加,土地、岸线等因素成为刚性约束,这样的发展方式难以为继。

防守型战略,直接克服内部劣势,避免外部挑战的战略(WT)。具体来说,核心是挖掘潜能,通过大幅缩减建设规模、提高现有交通资源的效率来发展。这样虽然可以降低负外部性,但是交通基础设施网络建设将错失历史机遇,交通制约经济社会发展的局面可能重新出现,届时对经济社会的负面影响将难以估量。

转型式战略,利用外部机遇来改进内部劣势,以及利用内部优势来应对外部挑战的组合型战略(ST + WO)。具体来说,核心就是一方面抓住机遇,适度扩大交通网络规模,改善交通运力和运输组织结构,拓展交通服务范围,增加交通服务能力;同时,高度关注资源节约和环境保护,借助现代科学技术改造传统产业,提高交通基础设施、运输装备的现代化水平和运营效能,统筹交通基础设施建设和运输服务协调发展,充分利用交通资源,提高生产效率,增加有效供给。

在上述三种战略中,转型式战略不仅可以满足交通需求,继续提高交通正效用,而且可以减少资源占用和环境污染,拓展交通发展空间,使得交通发展的总效用达到最大。因此,新时代发展环境下,转型式战略是最佳策略选择。

二、交通运输转型升级发展内涵

按照系统工程学原理,转型升级发展,涉及三个方面的要素:描述系统状态的指标体系,即系统的状态变量;指标之间的内在联系和变化规律,即系统结构;促进系统状态向目标状态转移的方式,即调控手段。对应交通运输业转型升级来说,就是要通过优化发展结构和转变发展方式这两项主要调控手段,着力推动交通发展由追求速度规模向更加注重质量效益转变,由各种交通方式相对独立发展向更加注重一体化融合发展转变,由依靠传统要素驱动向更加注重创新驱动转变，最终实现交通运输服务升级和更强的行业可持续发展能力。

坚持新发展理念。交通转型升级发展是新时代交通运输发展具有全局性、方向性的重大战略。交通运输是国民经济中基础性、先导性、战略性产业，是重要的服务性行业。转型升级发展就是坚持创新、协调、绿色、开放、共享发展理念，用现代科学技术和管理技术改造和提升交通，提高交通基础设施、运输装备的现代化水平和运营效能，适应现代服务业发展要求，不断拓展丰富交通服务领域，走安全、便捷、绿色、高效、经济发展之路，促进综合运输体系发展，提高交通现代化水平。

坚持协同化发展。按照科学发展的要求，从集中基础设施建设转向注重基础设施、运输服务、支持保障和市场培育、政府监管等方面的协调发展，统筹交通建设与运输服务协调发展，统筹城乡、区域交通协调发展，统筹交通与资源环境协调发展，统筹各种运输方式协调发展，实现规模、质量和服务相协调，建设、管理、运输相协调，交通、资源、环境相协调，全面提高运输服务的能力和水平。

坚持智能化方向。智能化是核心，以信息化、网络化为基础，向智能型交通发展。只有信息化、智能化才能实现各种运输方式有效衔接，满足公众个性化、多层次的出行需求，提高运输效率，提高专业化协作水平。建立智能化的交通建设与养护体系、综合信息服务与运营管理体系、现代物流体系，实现交通生产力的跨越式发展。

坚持人本化目标。"以人民为中心"的理念已经成为社会公认的行为准则。毫无疑问，在交通中也应当毫无例外地贯彻"以人民为中心"的原则，交通发展的最终目的就是不断提高交通保障能力和运输服务水平，不断满足经济社会发展和人民群众对交通运输的新要求。要把持续提升运输服务作为交通运输工作的出发点和落脚点，为经济社会提供优质、多层次、多样化、公平的运输服务，做到交通发展为了人民、交通发展依靠人民、交通发展成果由人民共享。

第四节　新时代交通运输全面深化改革内涵

交通运输是现代经济的重要组成部分，是先行领域和战略支撑，建设交通强国是新时代党和人民赋予交通运输新的历史使命。一方面，全面深化改革是推动交通强国建设的动力源泉；另一方面，交通强国又是交通各个领域全面深化改革取得进展和成效的集中体现。新时代，开展全面深化交通运输改革，应立足交通发展阶段，聚焦交通强国建设目标和交通发展主要矛盾，以提升服务、改善民生为出发点和落脚点，坚决破除各方面体制机制弊端，进一步解放和发展交通运输生产力，最终实现交通运输治理体系和治理能力现代化。概括起来讲，其内涵应体现以下方面：

从发展定位看，新时代交通运输全面深化改革要加强总体制度设计，统筹谋划、有序推进，有力促进交通运输行业由“被动”适应到“主动”服务国民经济发展转变，充分发挥交通运输行业在国民经济中的先导性、战略性作用，切实实现交通治理体系和治理能力现代化，更有力支撑交通强国建设。

从发展方式看，新时代交通运输全面深化改革要满足交通运输正由“规模速度型发展”转为“质量效益型发展”的需要，促进交通运输行业在质量效益方面“上台阶”，走高质量发展之路。

从发展需求看，新时代交通运输全面深化改革要着力解决人民日益增长的美好生活需要和交通运输不平衡不充分发展之间的矛盾，满足人民日益增长的多层次、多样化交通运输需求发展。

从实施路径看,新时代交通运输全面深化改革要促进交通运输由“单一发展”转向“融合发展”,破除一切不合时宜的思想观念和体制机制弊端,全面推进现代综合交通运输体系建设,以新的发展理念引领现代综合交通运输先行发展。

从发展空间看,新时代交通运输全面深化改革必须立足全球,主动参与国际市场竞争,拓展交通运输由“国内发展”转向“国际拓展”,不断提升交通运输在国际上的话语权。

第二章　交通运输深化改革历程与成效

本章从改革开放的“大历史”视角入手，剖析了交通运输改革发展的主要阶段，剖析了在改革发展中取得的主要成效，总结了改革的主要经验。

第一节　交通运输改革历程回顾

我国的改革开放经历了一个从“摸着石头过河”到“加强顶层设计”，从局部突破到全面深化的过程。具体来说，先是新中国成立后大建设时期，到党的十一届三中全会确立实施改革开放，再到当前的全面深化改革。同期，交通运输改革也经历了不断探索前进，不断深化拓展，不断丰富完善的过程。

一、交通运输改革建设恢复阶段(1949—1977 年)

新中国成立之初，我国的经济形势是“一穷二白、百废待兴”，国民经济面临着巨大的危机，经济社会的发展是围绕着巩固政权、恢复经济、发展重工业展开的。当时，交通运输面貌十分落后，全国铁路总里程 2.18 万公里，且有一半处于瘫痪状态，能通车的公路仅 8.08 万公里，民用汽车 5.1 万辆，内河航道处于自然状态，民航航线只有 12 条，邮政服务网点较少，主要运输工具是畜力车和木帆船等。这时的交通运输改革发展主要是以恢复国民经济、改善人民生活和巩固国防的需要为导向。

(一)交通管理体制改革分分合合

这期间,由于国家层面整体行政管理体制变化较大,交通部的管理职能和内设机构也变化较为频繁。

1949 年,交通部最初以已撤销的华北人民政府交通部为班底组建,临时设置一厅二司三处一局:办公厅、计划司、人事司、劳动工资处、财务处、供应处、航务总局,总的行政职能是:受政务院领导及政务院财政经济委员会指导,主管国家航务公路行政事务。

1951—1952 年,根据交通事业发展需要,两次对交通部机构设置进行了调整,内设机构增设电信管理处、私营企业管理处;部直属机构增设船舶登记局;航务总局分为航道工程总局、河运总局、海运总局;在公路总局之外增设公路运输总局。到 1952 年底,交通部机构设置基本确定,形成了较为完整的中央级组织机构。

1958 年 2 月,国务院决定,将中国民用航空局划归交通部领导,中国民用航空局改为交通部的部属局,交通部与空军职责划分:有关民航的一切技术、飞行、机务、通信、人事管理、政治工作等主要由空军司令部领导;有关民航的计划、基本建设、企业经营管理、对外关系等方针政策问题,则由交通部负责。

1962 年 4 月,全国人大常委会批准国务院将交通部所属中国民用航空局改为国务院直属,并改名为中国民用航空总局。

1970 年,铁道部、交通部和邮电部(邮政部分)合并成立新的交通部。

1973 年 3 月,邮电部恢复建制,邮政总局重归邮电部。

1975 年 1 月,全国人大常委会决定将交通部和铁道部分开设置,各自恢复建制。

（二）实施集中统一的计划运输经济体制

新中国成立后，工农业生产开始复苏，城乡物资交流渐趋活跃，运输日益繁忙。1950 年，国营私营运输企业拥有的汽车虽已达 2.63 万辆，但多数破旧不堪，难以满足客货运输需求。为了改变公路运输的无序状况，各级交通部门加强了对公路运输行业的管理，实行了严格的"三统"政策，即统一货源、统一运价、统一调度。各地都成立了"三统运输办公室"，对公路运输的货源、运价和车辆进行计划管理。逐步把公路运输纳入了计划经济的轨道。同时，积极引导私营汽车运输业和民间运输业组织使他们分别走上联合经营和互助合作的道路。但是，由于过分强调统一管理，限制了各方面办运输的积极性，使一度出现的那种国营、私营、集体、个体都来办运输的景象逐步消失。

（三）交通建设投资政策单一

此间，政府是交通建设的唯一投资主体，由于政府财力十分有限，交通建设资金严重匮乏。"一五"至"三五"时期，铁路基本建设投资占整个交通运输基本建设投资总额的 65% 左右，"五五"时期仍然占到 50%。

根据政务院发布的关于"确立用路者养路原则，由主管机关按规定统一征收车辆养路费，发给收费执照，即可通行全国"的决定，1950 年 7 月，交通部颁发了《公路养路费征收暂行办法（草案）》，规定凡行驶公路的车辆，除军用车、特种任务车、党政机关小汽车以及人力车外，都要缴纳养路费。

1951 年 9 月，政务院发布《车船使用牌照税暂行条例》，规定车船牌照税如何征收。这在组织地方财政收入，调节和促进经济发展方面发挥了积极作用。

1963 年 6 月，交通部、财政部联合颁发关于公路养路费征收和使用的补充规定，征费标准从运价的4%～8%调整为10%，并确定养路费由省、自治区、直辖市交通厅（局）统收统支，专款专用。

此期间虽开征了养路费，但征收额低且为养护专款专用，没有解决建设资金问题，而内河与港口建设则一直没有稳定资金来源。

二、交通运输改革发展探索阶段（1978—1991年）

这一阶段改革的中心是探索社会主义经济体制改革，目标是建立社会主义市场经济体制，核心问题是如何认识和处理计划与市场的关系。1978年，党的十一届三中全会作出改革开放的伟大决策。1981年6月，党的十一届六中全会提出在公有制基础上实行计划经济，同时发挥市场调节的辅助作用。1982年9月，党的十二大强调实行"计划经济为主，市场调节为辅"的原则。1984年10月，十二届三中全会通过了《中共中央关于经济体制改革的决定》，第一次明确提出社会主义有计划商品经济的理论，标志着我国对于社会主义市场问题认识重大突破。这一时期，由于基础薄弱、历史欠账多，公路水路基础设施总量严重不足，运输全面紧张，成为制约国民经济和社会发展的瓶颈。党中央、国务院把交通建设作为国民经济发展的战略重点，公路水路交通进入了崭新的发展阶段，交通运输各行业开始探索以政企分开、扩大企业经营自主权为突破口的市场化改革。

（一）率先引入市场机制，放宽搞活市场

1979年2月，经国务院批准，由交通部驻港企业——招商局在深圳创办蛇口工业区，按照国际惯例招商引资，发展出口加工业，成为全国改革开放浓墨重彩的起笔。

1983年，为缓解运输供给不足，突破所有制的束缚，交通部提出"有河大家走船，有路大家走车"的改革方针，"各部门、各行业、各地区一起干，国营、集体、个人以及各种运输工具一起上"，开放了交通运输市场，调动了社会力量从事运输的积极性，极大地解放了运输生

产力。公路、水运工程建设项目开始实行招投标制度，凡具备资质的施工企业都可以参加交通重点工程的招标、投标，承揽施工业务，交通运输的发展开始与市场接轨。

1985 年，提出“各部门、各行业、各地区一起干，国营、集体、个人以及各种运输工具一起上”等方针，打破了所有制单一、封闭的交通运输经济格局，掀起了社会办交通的热潮。1986 年出台了《公路运输管理暂行条例》，该条例将运输市场机制用法律的形式作了确定，打破了旧的体制，调动了社会各界兴办道路运输业的积极性。该条例对全面开放道路运输市场、提高运力起到重要的引导、保障和规范作用。为了进一步落实农民参与运输的政策，国家经委于 1987 年 4 月发出《关于农村个体运输管理问题的若干规定的通知》。此后，国际集装箱运输、水路运输、船舶代理、货运代理、汽车货物零担都提倡和实行搞活运输市场的方针政策。

1985 年，国务院提出城市公共交通以国营为主，发展集体和个体经营，在国有企业内部实行多种形式的经营承包责任制，开启了城市交通市场化改革的大幕。

（二）转变政府职能改革交通管理体制

针对交通管理体制政企不分、重企轻政等问题，1984 年，交通部提出以“转、分、放”和“实现两个转变”为主要内容的改革思路，实现政企分开，加强行业管理，建立了五级交通行政管理机构。

1985 年，国务院批复了《关于民航系统管理体制改革的报告》，加快“政企分开”“机场与航空公司分设”改革，管理局、航空公司、机场分设，组建独立的民航空中交通管理系统。

1985 年，铁路实行“大包干”，1986 年，国务院批复了五部委《关于铁道部实行经济承包责任制的方案》，实行“以路建路”经济承包责任制。

1986年10月,国务院印发《国务院关于改革道路管理体制的通知》(国发〔1986〕94号),改革了道路交通管理体制,明确由公安机关对道路交通进行依法管理,同时将交通部监理机构,成建制划入公安部。

1988年,为大力推进职能转变,从直接管理为主转变为间接管理为主,强化宏观管理职能,淡化微观管理职能,交通部对机构进行了大幅度机构改革。1988年7月,国家机构编制委员会印发交通部"三定"方案,交通部设13个行政厅、司、局,比原来减少8个。实行转变职能、政企分开、企业下放,改革港口管理体制,15个直属沿海港口中的14个、直属的长江干线26个重点港口全部下放当地政府,实行"双重管理、地方为主"的港口管理体制。对海上安全监督管理体制进行了改革,组建了14个海上安全监督局。全部下放直属工业企业,大部分事业单位实行企业化管理。

(三)交通基础设施建设投融资实现重大突破

交通运输行业投资融资的演变与国家经济体制改革是一致的,我国投资体制改革经历了"拨改贷"阶段,使投资体制与社会主义市场经济发展相适应。

1980年,国家对交通运输行业的基本建设投资由原来的拨款改为贷款,为了解决交通能源建设资金,1983年开征了能源交通建设基金(1994年取消),表明国家开始动用行政手段筹集建设资金。

1983年,交通部提出"谁投资、谁使用、谁受益"的原则,1985年,国家经委和交通部颁发了《企业专用码头建设和管理试行办法》,鼓励货主单位投资建设码头;为鼓励腹地各省市集资建港,发挥地方建港的积极性,交通部颁发了《关于内地省、区、市在沿海集资建设港口码头的试行办法》,给予投资者一定的优惠政策;在内河航道建设中,推行"统筹规划,条块结合,分层负责,联合建设"方针,调动了各方面建设的积极性。

1985年，为了扩大港口建设资金来源，国务院发布了《港口建设费征收办法》，对26个沿海主要港口的货物征收港口建设费，实行“以港养港，以收抵支”政策，港口建设资金有了稳定渠道。1986年7月2日，交通部印发《港口建设费使用规定》，对港口建设费使用范围、使用程序和安排建设项目应遵循的原则做了规定。1986年9月5日，国务院发布了《中华人民共和国车船使用税暂行条例》，规定凡在中华人民共和国境内拥有并且使用车船的单位和个人，为车船使用税义务纳税人，都应当依照条例的规定交纳车船使用税。这些规定解决了建设资金短缺问题，掀起了建港热潮。为了增加航道养护费用，提高航道通行能力，1987年，国务院颁布了《中华人民共和国航道管理条例》，同年又颁发了《长江干线航道养护费征收办法》。

1984年，国务院第五十四次常务会议批准同意提高养路费征收标准、开征车辆购置附加费，允许“贷款修路，收费还贷”。1985年，为扩大公路建设资金来源，国务院发布了《车辆购置附加费征收办法》，决定对所有购置车辆的单位和个人征收车辆购置附加费，作为公路建设专用资金的一项来源。随后，交通部、财政部、中国工商银行制定了《车辆购置附加费征收办法实施细则》，进一步明确了征收的标准，范围和方法。1986年9月，国务院发布了《中华人民共和国车船使用税暂行条例》，同年9月10日，交通部、财政部联合发布了《公路运输管理费征收和使用规定》。1987年10月13日，国务院颁发了《中华人民共和国公路管理条例》，从政策法规上明确了贷款修路、收费还贷的集资渠道，解决了公路建设资金不足问题，为高等级公路的发展奠定了资金基础。1989年，交通部在高速公路刚刚兴起之时，又及时地提出了“统一规划、分层负责”、多渠道筹集资金等10项发展政策措施。

1991 年,铁路开始征收每吨公里 2 厘[1]的建设基金,铁路建设资金有了基本保障。对民航建设,设立民航机场建设费和基础设施建设基金,除了给予"一九制"优惠外,还免征其他一切税收,先后制定了允许地方政府、国内企业、民间资本投资民航企业和机场的规定,进行了地方投资建设并管理机场的改革试点。

(四)实施对外开放政策

对外开放是中国的一项基本国策,对外开放的方针,顺应了社会主义市场经济发展的需要。

1985 年,我国政府就颁布了《关于中外合资建设港口码头优惠的暂行规定》,不仅允许外商投资建设港口码头,而且采取鼓励的政策。同年,交通部颁布了《关于从事国际海运船舶公司的暂行规定》,首次正式规定,经批准,允许外商以合资形式在华设立国际船舶运输公司。

1988 年,我国取消了外贸运输"货载保留"和"货载分配"政策,不再采用行政手段规定国轮承运的份额,也不再规定承运外贸进出口货物的我方派船比例,从此中国国际海上运输领域实行了全方位的对外开放。

1992 年,交通部出台了《关于深化改革、扩大开放加快交通发展的若干意见》,加大了对外开放的力度。1992—1995 年,我国政府又对航运市场出台了一系列开放政策的法规和规定,包括《对外国籍船舶管理规则》《外国籍船舶航行长江水域管理规定》《对外籍船舶管理规则》《外国籍船舶航行长江水域管理规定》等。

三、交通运输改革快速推进阶段(1992—2012 年)

1992 年 10 月,党的十四大提出建立社会主义市场经济体制,这是我国经济改革进入新阶段的标志。1993 年 11 月,十四届三中全会

[1] 1 厘 =0.1 分人民币。

通过了《关于建立社会主义市场经济体制若干问题的决定》,确立了建设社会主义市场经济体制的基本路线,明确了社会主义市场经济的基本框架。2002 年,党的十六大提出全面建设小康社会的战略部署。2003 年 10 月,十六届三中全会通过了《关于完善社会主义市场经济体制若干问题的决定》,提出更大程度地发挥市场在资源配置中的基础性作用,健全国家宏观调控,完善政府社会管理和公共服务职能。在建立社会主义市场经济体制理论的指引下,按照全面建设小康社会的战略部署和要求,交通运输各行业继续深入推进管理体制改革,政府职能进一步向行业管理和公共服务职能转变,市场的基础性作用得到加强,交通运输在行政体制改革、市场化改革、投融资改革等方面进入快速推进新阶段。

(一)推动政企分开深化交通行政管理体制改革

20 世纪 80 年代,交通部率先放开了公路和水路运输市场,同时推进国有交通运输企业政企分开;90 年代又开始推行公路政企分开、管养分离的运行机制改革和港口属地化与政企分开改革。

1994 年 2 月,国务院办公厅印发交通部职能配置、内设机构和人员编制方案,交通部设 13 个职能司局和机关党委。以转变经营机制为重点,加大了政企分开的力度,引导企业以资产为纽带实行兼并和资产重组,组建企业集团,1993—1997 年,陆续组建了中远、长航、中海、中港和路桥五大企业集团。

1998 年 6 月,国务院办公厅印发交通部职能配置内设机构和人员编制的通知,批复交通部设 10 个职能司(局、厅),另设机关党委。中华人民共和国船检局(交通部船舶检验局)与中国船级社施行“局社、政事分开”,同中华人民共和国港务监督局(交通部安全监督局)合并,组建中华人民共和国海事局(交通部海事局)。海事局为交通部直属机构,局长由交通部主管副部长兼任,实行垂直管理体制。交通部长江航务管理局、交通部珠江航务管理局、黑龙江航务管理局为交通部派出机构，对所在内河行使航运行政主管部门职责。

2004 年 7 月，中央编办印发《关于交通部中国海上搜救中心主要职责和人员编制有关问题的批复》，在交通部设立中国海上搜救中心，用于海上搜救和船舶污染应急工作。

2008 年 3 月，十一届全国人民代表大会第十一届一次会议审议通过了《关于国务院机构改革方案的决定》，决定组建交通运输部，将原交通部、原中国民用航空总局的职责，原建设部指导城市客运的职责，整合划入新组建的交通运输部，组建中国民用航空局，由交通运输部管理。为加强邮政与交通运输统筹管理，国家邮政局改由交通运输部管理。交通运输部主要职责明确为：拟订并组织实施公路、水陆、民航行业规划、政策和标准，承担涉及综合运输体系的规划协调工作，促进各种运输方式相互衔接等。2008 年，国务院印发了《国务院关于部委管理的国家局设置的通知》(国发〔2008〕12 号)，明确中国民用航空局、国家邮政局由交通运输部管理。2009 年 3 月，国务院办公厅印发交通运输部主要职责内设机构和人员编制规定，将交通部调整为交通运输部。根据《中共中央国务院关于地方政府机构改革的意见》(中发〔2008〕12 号)要求，各地结合实际在交通运输等七个行业领域，积极探索实行职能有机统一的大部门体制。

20 世纪 80 年代末，民航开始尝试政企分开，将管理局、机场和航空公司分设，并引入竞争机制；2002 年进一步重组航空公司，开放市场，实现机场属地化，并改革空管体制。2005 年，邮政也实施了政企分开的体制改革。至此，除铁路部门仍属于政企合一的管理体制外，公路、水运和民航业已初步实现了各自领域的政企分离、政事分离和政资分离。

(二)稳步扩大交通运输和建设市场改革开放

1992 年，交通部发布《关于深化改革、扩大开放加快交通发展的若干意见》，进一步加大交通运输改革开放力度。

1992 年 11 月，《中华人民共和国海商法》颁布，为培育和发展海上运输市场、规范当事人各方的行为提供了法律依据。

1995 年，《关于加快培育和发展道路运输市场的若干意见》提出，建立全国统一开放、竞争有序的道路运输体系。

1996 年，交通部《深化水运管理体制改革方案》提出，推动水运管理体制改革，组建了海事局，实行“一水一监、一港一监”的管理体制；同年，《关于进一步加强我国水运市场管理的通知》提出，推进水运市场的培育和完善；上海航运交易所组建，对规范航运市场交易行为、调节市场价格、深化水路运输市场改革具有重要意义。2001 年，国务院办公厅《关于深化中央直属和双重领导港口管理体制改革意见的通知》提出，彻底将港口下放地方管理。

2003 年 6 月，《中华人民共和国港口法》出台，是新中国成立以来第一部对港口事业进行全面、系统规范的法律。2007 年 4 月，交通部颁布《港口建设管理规定》，进一步规范港口建设市场秩序；同月，颁布《航道建设管理规定》，进一步加强了航道建设活动的监督管理。

2004 年 4 月，国务院颁布《中华人民共和国道路运输条例》，是我国第一部全面调整道路运输法律关系的行政法规。2005 年，交通部发布了五个配套规章，即《国际道路运输管理规定》《道路货物运输及站场管理规定》《机动车维修管理规定》《道路旅客运输及客运站管理规定》《道路危险货物运输管理规定》，全面规范我国道路运输市场。

1998 年，邮电经营管理体制改革，实行邮政、电信分开经营，把邮电局拆分为相互独立的邮政局和电信公司，邮政开始独立运营，成为国民经济的一个独立部门。2005 年，邮政体制改革，实行政企分开，改革邮政主业和邮政储蓄管理体制，重新组建国家邮政局，作为国家邮政监管机构；组建中国邮政集团公司，经营各类邮政业务；加快成立邮政储蓄银行，实现金融业务规范化经营。2006年，国务院批复组建中国邮政集团公司。

（三）深化交通运输投融资改革

《关于建立社会主义市场经济体制若干问题的决定》将市场经济理念引入，为交通运输发展注入了新的活力。交通建设尝试各种投融资模式，大胆和积极利用外资、民资，建设了一批收费公路和民营港口。

为了增加水运基础设施建设资金，1993年交通部、国家计划委员会、财政部、国家物价局联合发文《关于扩大港口建设费征收范围、提高征收标准及开征水运客货运附加费用通知》，征收范围由原26个港口扩大到全部对外开放的100多个港口，所征收费用全部用于水运基础设施建设。在水资源综合利用中，采用"航电结合，以电养航"的协调发展政策，也收到实效。

1997年7月《中华人民共和国公路法》出台，使公路建设有了一部基本法作依据。《中华人民共和国公路法》规定筹集公路建设资金，可以依法向国外金融机构和外国政府贷款；国家鼓励国内外经济组织对公路建设进行投资；开发、经营公路的公司可以依照法律、行政法规的规定发行股票、公司债券筹集资金。1998年，我国开始发行国债用于公路建设，贷款利率持续下降，贷款额度大幅增加，仅当年用于公路建设的银行贷款就达到776亿元，是上年的5倍，此后贷款规模持续快速上升。

2000年10月，国务院颁布《中华人民共和国车辆购置税暂行条例》，将"车辆购置附加费"改为"车辆购置税"，资金纳入国家财政预算管理。

2004年，国务院颁布《收费公路管理条例》，将"贷款修路，收费还贷"的政策通过法规的形式予以固定，我国交通建设领域基本形成了“国家投资,地方筹资,社会融资,引进外资”的多元化交通融资格局。1998—2005 年,公路交通建设总投资达 2.65 万亿元,是 1998 年之前投资总额的 5.3 倍,资金中贷款和地方自筹成为最重要的来源。投资重点为高速公路和农村公路。2008 年 10 月,交通运输部、国家发展和改革委员会、财政部联合颁布《收费公路权益转让办法》,对收费公路权益转让范围、条件、程序、收入使用和后续管理进行了系统规范。

2006 年 12 月,国务院修订了《中华人民共和国车船税暂行条例》,将“车船使用税”改为“车船税”。

(四)加速交通运输向现代服务业转型

做好服务是交通运输发展的根本宗旨。党的十六届六中全会对构建社会主义和谐社会作出了全面部署,强调要建设服务型政府,强化社会管理和公共服务职能。交通行业的政府管理体制改革和政府职能转变也在逐步向服务型政府转变,在处理政府与市场、政府与社会、政府与公民之间的关系上进行重新定位和认识。政府从过去偏重于国有经济改革转到为各类经济主体的发展创造良好的环境、由过多地干预微观经济转到实施有效的宏观调控上来、由部分群体受益转到社会公众共享改革成果上来。2008 年,交通运输部印发了《交通运输部关于加快发展现代交通业的若干意见》,把转方式、调结构作为发展现代交通业的主线,对全面推进公路水路交通由传统产业向现代服务业转型进行了系统部署。

四、交通运输改革全面深化阶段(2013 年至今)

党的十八届三中全会吹响了全面深化改革的前进号角,这一阶段改革牢牢把握“五位一体”总体布局和“四个全面”战略布局,以国家治理现代化和发挥市场决定性作用这两大原创性理论为基础,以“六个紧紧围绕”为实施路线图,进一步解放思想、进一步解放和发展社会生产力、进一步解放和增强社会活力,在“全面”和“深化”两个维度上，有了更加科学的认识和更加坚毅的实践。交通运输行业顺应全面深化改革大势，深刻领会全面深化改革的历史必然性和现实紧迫性，找准影响行业发展的核心问题，准确把握和利用好这个重要战略机遇期，开启了新时代行业新一轮全面深化改革。

（一）加强新时代全面深化改革顶层设计

2014年底，《交通运输部关于全面深化交通运输改革的意见》（交政研发〔2014〕242号）印发，围绕深化改革的主线，加强顶层设计，在完善综合交通运输、建立完善交通运输现代市场体系、交通运输转型升级等体制机制方面，部署了42项改革任务150多项改革举措，对新时代交通运输全面深化改革做了系统部署，并决定开展交通运输综合改革、综合交通运输改革、交通运输综合行政执法改革等9项改革试点。交通运输改革创新，转型升级迈出新步伐。

2012年，为多方合力共促民航快速发展，出台了新中国成立以来第一部全面指导民航业发展的战略性文件《国务院关于促进民航业发展的若干意见》。2016年，《关于进一步深化民航改革工作的意见》面对民航发展的新形势新任务，提出了10个方面40项改革任务。

深化公共交通发展改革。党的十八大以来，国家进一步确立了优先发展公共交通战略以及适度发展出租汽车、鼓励和规范城市交通出行新业态的总体思路，城市交通体系建设取得显著成效，有力保障了广大人民群众安全、便捷、经济、高效的出行需求。

此外，加强战略谋划，研究提出全面建成小康社会交通运输发展目标和指标体系，研究制定了一系列指导意见，全面部署了改进提升交通运输服务水平、实施创新驱动战略、建设绿色循环低碳交通、加快物流业发展、推动航运业转型升级、加强信息化智能化建设、推进法治政府部门建设、践行交通运输核心价值体系等方面的目标、任务和政策措施。

(二)深化交通运输大部门制改革部署

党的十八大以来,交通运输加快了深化改革步伐。国务院撤销了铁道部,成立国家铁路局并由交通运输部管理,至此,交通运输部管理国家铁路局、中国民用航空局、国家邮政局,负责统筹铁路、公路、水路、民航以及邮政行业发展,基本形成了交通“大部制”管理体制。

2013 年,十二届全国人大一次会议通过了《国务院机构改革和职能转变方案》,提出实行铁路政企分开,将铁道部拟订铁路发展规划和政策的行政职责划入交通运输部;交通运输部统筹规划铁路、公路、水路、民航发展,加快推进综合交通运输体系建设;组建国家铁路局,由交通运输部管理,承担铁道部的其他行政职责,负责拟订铁路技术标准,监督管理铁路安全生产、运输服务质量和铁路工程质量等。组建中国铁路总公司,承担铁道部的企业职责,负责铁路运输统一调度指挥,经营铁路客货运输业务,承担专运、特运任务,负责铁路建设,承担铁路安全生产主体责任等。

2013 年 11 月 26 日,经国务院和中央编委批准,《中央编办关于交通运输部有关职责和机构编制调整的通知》正式印发,明确交通运输部管理国家铁路局、中国民用航空局、国家邮政局,负责推进综合交通运输体系建设,统筹规划铁路、公路、水路、民航以及邮政行业发展,承担综合交通运输规划的拟订及起草职能。自此,在国家层面初步形成了公路、铁路、水运、民航及邮政等置于一个部门管理的大部制管理架构,为进一步推进综合交通运输体系建设奠定了体制保障。

2012 年以来,为加强城市交通管理,部积极推进内设机构调整,设立运输服务司,内设城市交通管理处和城市轨道交通管理处。各省(自治区、直辖市)均根据实际情况,重新组建了交通运输管理部门,将指导城市客运的职责整体划入,结束了以往建设、交通、公安、公用事业多家管理城市公共交通的局面。

2018 年以来,为加强交通运输新业态监管、形成工作合力,促进行业持续稳定健康发展,经国务院同意,建立交通运输新业态协同监管部际联席会议(以下简称“联席会议”)制度。

(三)深入推进法治政府部门建设

党的十八大以来,以习近平同志为核心的党中央提出了一系列全面依法治国的新理念新思想新战略,开辟了全面依法治国理论和实践的新境界,开启了中国特色社会主义法治的新时代。

2013 年,交通运输部印发《关于全面建设交通运输法治政府部门的若干意见》,提出全面建设交通运输法治政府部门的指导思想、基本原则和总体要求。2015 年 8 月 12 日,交通运输部《关于全面深化交通运输法治政府部门建设的意见》(交法发〔2015〕126 号),提出到 2020 年,基本建成职能科学、权责法定、执法严明、公开公正、廉洁高效、守法诚信的交通运输法治政府部门。2016 年 5 月 5 日,交通运输部又进一步制订印发了交通运输部关于贯彻实施《法治政府建设实施纲要(2015—2020 年)》(交法发〔2016〕82 号)的通知,提出确保 2020 年交通运输法治政府部门基本建成的工作目标。

2013 年 8 月,国家邮政局印发《关于全面加强法治邮政建设的意见》(国邮发〔2013〕157 号),提出到 2020 年基本建成行为规范、运转协调、公正透明、廉洁高效的法治邮政。

2015 年 5 月,民航局发布《加强民航法治建设若干意见》,提出到 2020 年,基本建成以《中华人民共和国民航法》为核心,覆盖行业各领域和各环节,科学规范、层次分明、配套衔接的民航法规体系。

2013 年,《中共中央国务院关于地方政府政府职能转变和机构改革的意见》(中发〔2013〕19 号),提出进一步推动地方政府职能转变和机构改革,要求地方政府机构改革要着力转变政府职能,理顺权责关系,调整优化组织结构,规范机构设置,要着力搞好“控、调、改”。交通运输部出台《关于加快转变政府职能深化行政审批制度改革的意见》《关于深化交通运输行政审批制度改革加强事中事后监管的意见》《关于推行“双随机、一公开”监管工作的实施意见》,取消21项行政审批事项,下放14项行政审批事项,将12项工商登记前置审批事项改为后置审批,推进实施了部内许可项目的网上办理,公布行政管理权力清单,指导各地加强事中事后监管。交通运输行业通过深化“放管服”改革,简政放权的力度不断加大,进一步提升了政府服务效率。通过制定权力和责任清单,明晰各部门职责边界,自觉接受社会监督,法治政府治理更加规范。

(四)进一步深化交通运输投融资改革

2013年,国务院《关于改革铁路投融资体制加快推进铁路建设的意见》提出,全面开放铁路建设市场,鼓励社会资本投资建设铁路。

2015年,交通运输部《关于深化交通运输基础设施投融资改革的指导意见》提出,建立和完善交通运输发展“政府主导、分级负责、多元筹资、规范高效”的投融资管理体制,将进一步向民间资本开放,建立公平、公开透明的市场规则,创新投资运营机制,改进政府投资安排方式,最大限度地鼓励和吸引社会资本投入,充分激发社会资本投资活力;积极研究探索设立公路交通产业投资基金;鼓励民间资本发起设立用于公路、水路交通基础设施建设的产业投资基金,研究探索运用财政性资金通过认购基金份额等方式支持产业基金发展。

2015年2月,交通运输部发布《交通运输部关于印发全面深化交通运输改革试点方案的通知》,明确提出开展交通基础设施政府与社会资本合作等模式试点。2015年4月,财政部和交通运输部联合印发了《关于在收费公路领域推广运用政府和社会资本合作模式的实施意见》,对收费公路领域推广政府和社会资本合作(PPP)提出了具体要求。随后印发了《收费公路政府和社会资本合作操作指南》,政府与社会资本合作模式在交通运输领域获得广泛推广应用。

2016 年,中国民航局《关于鼓励社会资本投资建设运营民用机场的意见》提出,全面放开民用机场建设和运营市场,广泛吸引社会资本参与民用机场及其服务配套设施项目建设和运营。

2017 年 6 月,财政部、交通运输部联合印发了《地方政府收费公路专项债券管理办法(试行)》,为地方政府建设政府收费公路明确了资金筹措渠道。

2019 年 6 月,国办印发《交通运输领域中央与地方财政事权和支出责任划分改革方案》,明确划分公路、水路、铁路、民航、邮政、综合交通六个方面的中央与地方财政事权和支出责任。

第二节　交通运输改革成效分析

交通运输经过长期的全面深化改革实践取得了明显成效,主要体现在综合交通管理体制机制更加顺畅,政府职能转变进程不断加快,交通运输市场环境不断优化,服务民生保障能力进一步增强,行业发展能力不断提升等方面。

一、深化体制改革,综合交通管理更加顺畅

(一)加快体制改革,构建综合交通管理体制

经过 2008 年和 2013 年两轮交通运输大部门制改革,在国家层面"一部三局"交通运输大部门制管理体制框架初步建立,综合运输下的政务、立法、规划、标准、人才、外事和党的工作等 7 个方面工作协同不断增强,形成了综合交通运输运行协调、规划编制机制;在地方层面,各地交通运输部门积极推进机构改革和职能转变,对交通运输大

部门制改革进行了积极有效的探索和实践，比如：一些省区市已基本建立综合交通运输管理体制，有的建立了省级层面综合交通运输协调机制，部分中心城市已成立市交通运输委员会，综合交通管理体制正在逐步有序形成；基本明确了交通运输部门承担推进本地区综合交通运输体系建设，组织编制综合交通运输体系规划，拟订综合交通运输发展政策、标准等职责；在投融资方面，负责提出公路、水路、铁路交通投资规模和方向、省级财政性资金安排意见，审定年度投资计划项目并监督实施；在规划建设方面，统筹协调地方铁路和民航机场的规划、建设工作等方面的职责，有的在省交通运输厅新增铁路民航邮政处等管理机构。

1. 上海市

2014 年 6 月，在上海市交通港口局的基础上，组建成立了上海市交通委员会，保留了原建交委的公路、水路和城市交通等行业管理职责，增加了轨道交通规划和城市交通管理设施建设、养护等管理职责，基本形成了综合交通管理体制。新组建的上海市交通委员会主要职责主要来自四个方面：一是原市交通港口局的职责；二是将原市城乡建设和交通委员会的交通发展规划、城市道路公路管理、交通综合协调、协调推进国际航运中心建设、国防交通战备、道路指示牌管理等职责，划入市交通委，市城乡建设和交通委员会更名为市城乡建设和管理委员会，为市政府组成部门；三是将市规划和国土资源管理局的组织编制轨道交通网络系统规划、选线专项规划等职责，划入市交通委；四是将市公安局的道路交通信号中标志、标线以及可变车道、路口诱导屏等交通设施的建设、管理、维护职责，划入市交通委。目前，上海市交通委员会涉及综合交通运输方面的职责主要有：拟订本市综合交通发展战略，优化本市交通运输结构布局，综合平衡全市交通运力，协调道路、水路、铁路和航空等多种交通运输方式衔接，构建综合交通体系。组织编制综合交通发展规划、交通专项规划、年度计划,并组织实施。负责编制交通行业固定资产投资年度计划和交通基础设施维护(养护)年度计划,并监督实施。负责公路和城市道路、轨道交通、枢纽场站、公交站点、公共停车场(库)、港口、航道、桥梁、隧道等交通基础设施的项目建设管理、工程质量安全监督和运行维护管理;协调铁路、机场等基础设施项目与市内交通运输的衔接配套。负责协调推进联合运输、多式联运、现代物流等综合运输工作。归口协调铁路、民航、邮政、海事、救助、打捞等涉地管理工作。

2. 重庆市

2014 年 5 月,重庆市政府办公厅印发了《关于市交委有关职责和机构编制调整的通知》,对重庆市交委在铁路、民航等方面的职能职责作出了明确界定,正式确定了重庆市综合交通运输体制改革三定方案。通知明确了重庆市交通委员会在加快推进综合交通运输体系建设方面的职能职责,确定由重庆市交委负责组织拟订综合交通运输发展战略和政策,组织编制综合交通运输体系规划,拟订铁路、公路、水路、民航发展战略、政策和规划,指导综合交通运输枢纽规划和管理等职能,并清晰界定了重庆市交委与重庆市发改委在规划、投资方面的职责分工。在规划方面,重庆市交委负责组织编制综合交通运输体系规划,统筹衔接平衡铁路、公路、水路、民航、邮政等规划,重庆市发改委负责全市综合交通运输规划与国民经济和社会发展规划的衔接平衡。在投资方面,重庆市交委负责提出铁路、公路、水路、民航、邮政固定资产投资规模和方向、财政性资金安排意见,参与铁路投融资体制改革和有关政策拟订工作,重庆市发改委按规定权限审核、转报的项目,须征求重庆市交委意见。此外,明确提出将重庆市发改委承担的铁路、民航重大项目建设协调职责划入市交委。在人员编制和机构设置方面,通知要求,重庆市发改委机关 6 名行政编制连人带编划入市交委,新增处级领导职数3名,并调整部分内设机构设置。在市交委新设铁路处,主要负责拟订地方铁路发展政策,编制全市铁路网和枢纽专项规划;协调推进全市铁路项目建设;协调管理铁路运输工作等;新设民航处,主要负责拟订全市民航发展政策,编制全市民航机场和航空枢纽专项规划;协调推进全市军民航机场项目建设;协调管理民航运输工作等。2014年6月下旬,铁路、民航的机构、人员、编制全部到位,使该市全面实现了对公、铁、水、空等交通,从规划、建设、营运等层面的统一管理。

3.深圳市

经过1988年和2001年两次机构改革,深圳市明确了由深圳市交通局统筹负责全市铁路、公路、水路、港口、航空、城市公交、轨道交通和邮电的管理协调,初步实现了各种运输方式的统筹衔接。2009年,深圳市进一步整合机构职能,组建了综合性的交通运输委员会,在保留原市交通局全部职能的基础上,进一步将分散在市发改、规划、城市管理和公安交警等多个部门的交通相关职责予以归并。深圳市政府对市交通运输委员会主要进行了如下的职能调整:一是划入原市交通局、原市公路局、原市轨道交通建设指挥部办公室、原市城市交通综合治理领导小组办公室的职能;二是划入市城市管理局管理维护市政道路和桥梁,以及市政道路执法的职能;三是划入市规划和国土资源委员会组织编制交通专项规划,以及承担市政府投资新建市政道路立项主体的职能;四是划入市交警管理局设置、管理和维护交通标识、标线、标牌、护栏等交通设施,以及新建和改建诱导屏、交通信号灯和其他监控设施的职能。新成立的市交通运输委员会为市政府职能部门,主要负责全市公共交通、道路、轨道、水运、港口、空港、物流和地方事权的铁路、航空的行业管理,以及城市交通的统一规划、建设和管养。至此,交通运输管理部门统一负责城市交通运输的各项事务,在横向综合管理职能上得到进一步拓展,在纵向层级管理链条上实现有效贯通,基本形成了大部门的交通管理格局。在2009年深化改革中,深圳市从促进区域整体发展要求出发,立足"大路网",统筹城乡交通管理体系,彻底打破区域、道路的二元管理。一方面,打破公共道路的性质区分,树立城市道路、公路均为公共道路的理念,统一管理主体,构建一体化公共道路网络体系;另一方面,改变原特区内垂直管理、特区外实行分级管理的不同方式,由市交通运输委统筹负责全市道路规划和客货运输。各区政府不再履行相关职责,在各辖区设立交通运输局,作为市交通运输委的派出单位。通过改革,破除"两套体系、二元分治、多头管理"的模式,实现了特区内外交通运输体系的统筹管理,促进了全市一体化公共路网体系建设。

(二)坚持规划引领,完善综合交通运输布局

一是加强综合运输规划编制统筹职能。在2013年交通大部门制改革以前,国家发改委牵头编制了《"十二五"综合交通运输体系规划》,并以国务院的名义对外发布,这是我国相对完整的第一个综合交通运输五年规划,包含了铁路、公路、水路、民航等各种运输方式。交通大部门制改革以后,根据国务院对交通运输部的职责分工,交通运输部会同有关部门组织编制《"十三五"现代综合交通运输发展规划》。此外,交通运输部在编制《落实"一带一路"战略规划实施方案》《京津冀协同发展交通一体化规划》《长江经济带发展规划纲要》《长江经济带综合立体交通走廊规划》等重大规划的过程中,同样采用了相同的工作机制,会同国家发改委联合编制规划,加强规划编制的统筹力度,取得了良好成效。

在地方,部分省份的综合交通规划由省级交通运输主管部门牵头制定,部分省份由于大部门制改革进程等问题,仍由省级发改部门牵头编制。各省综合交通运输规划和管理一般实行的是"条块结合、

以块为主”的模式，为更有效地推进综合交通规划的编制和实施，部分省份制定了协调机制。如新疆，为加快自治区综合交通运输体系建设，自治区党委办公厅、自治区人民政府办公厅发出通知（新党办字〔2009〕58号），决定成立自治区综合交通运输体系规划建设协调领导小组。自治区党委常委和政府副主席分别任正、副组长，成员由自治区党委办公厅、自治区人民政府办公厅、自治区发改委、财政厅、交通厅、住建厅、邮政管理局、乌鲁木齐铁路局、民航新疆管理局、乌鲁木齐市政府、兵团交通局、军区联勤部、中石油天然气运输公司和中石油西部管道公司等相关部门的领导担任。领导小组主要职责是推进综合交通运输体系规划建设，发挥各种运输方式的比较优势和组合效率，统筹各种运输方式的发展，破除体制障碍，强化规划协调，注重相互衔接，提高资源效率，促进运输服务一体化，不断提高新疆综合交通运输整体发展水平。

二是加强综合运输规划与经济社会发展规划衔接。编制综合交通运输规划，更加注重规划与经济社会发展的衔接，将交通运输的诉求主动融入国民经济社会发展规划中，加强规划的衔接，并形成良好的规划衔接机制。此外，为服务国家“三大战略”，交通运输部积极制定了《落实“一带一路”战略规划实施方案》，出台了加快交通基础设施互联互通、促进国际运输便利化、推动交通运输“走出去”等一系列具体措施，中欧货运班列横跨万里，成为连接欧亚大陆的贸易纽带；联合国家发展改革委编制完成《京津冀协同发展交通一体化规划》，出台实施方案及政策创新意见，推出了基础设施网络化、运输市场一体化和运输服务便捷化等改革举措；会同国家发展改革委制定了《长江经济带发展规划纲要》，联合编制了《长江经济带综合立体交通走廊规划》，大力推进长江经济带综合立体交通走廊建设进程。

在地方，各地在推动综合交通运输规划编制的过程中，也积极对接经济社会规划，充分发挥交通运输的服务性作用。如江苏编制《江苏交通运输现代化规划纲要》的过程中，积极与江苏省政府对接，组织了由国家和省交通运输规划研究、综合性政策研究等咨询机构组成的多层级、跨学科的规划编制团队，开展相关专题研究，形成了良好的规划编制机制，并积极对接江苏经济社会发展规划。

三是加强综合运输规划与专项子规划衔接。在编制"十二五"规划时，交通运输部首次整合了民航、邮政，由一个总体规划和若干个子规划组成：即《"十二五"交通运输发展规划》和《公路水路交通运输"十二五"科技发展规划》《公路水路交通运输信息化"十二五"发展规划》《交通运输安全生产和应急体系"十二五"发展规划》《道路运输业"十二五"发展规划》《邮政业发展"十二五"规划》《中国民用航空发展第十二个五年规划》《"十二五"公路养护管理发展纲要》《公路水路交通运输节能减排"十二五"规划》等。总体规划是各专项规划的总领，各专项规划是总体规划的支撑，在规划编制初期，就形成了包含总体规划和各专项规划在内的规划编制领导小组，以方便规划编制过程中反复协调对接，加强总体规划与各专项规划间的衔接。在"十三五"规划的编制过程中，依然延续了"十二五"综合交通规划的编制过程和协调机制，成立了规划编制领导小组，加强了总体规划与各专项规划的衔接。

在地方，江苏自 2006 年起率先开展了省级综合交通运输体系的"顶层设计"工作，组织对《江苏省综合交通体系规划》等 2 个主课题、17 个支撑专题开展研究。2014 年 6 月，交通运输部和江苏省人民政府印发了《江苏交通运输现代化规划纲要(2014—2020 年)》，这是国家首次系统地针对省级区域交通运输现代化的建设模式、路径和政策开展探索与实践。四川 2012 年启动了《四川省构建现代综合交通运输体系发展战略》和《四川省构建现代综合交通运输体系发展规划》研究和编制工作，该项规划形成“1+1+4”研究成果，即1个战略研究报告、1个总体规划和4个专项规划（铁路、公路、水运、民航）。

（三）完善政策法规，优化综合运输发展环境

一是加强政策制度顶层设计。坚持把加强法规制度建设作为推进交通运输事业发展的长远之策，筑牢交通发展的制度根基。为适应改革发展需要，对交通运输法律法规进行了大量的立、改、废工作。目前，我国综合交通运输法规体系框架已初步建立，铁路、公路、水路、航空、邮政各领域基本实现了有法可依。截至2019年3月，我国交通运输领域包括铁路、公路、水路、航空、城市公共交通、邮政各领域共有国家层面立法350部，其中法律8部、行政法规42部、部颁规章300件。其中，公路运输领域法律1部，行政法规3部，部门规章32部；水路运输领域法律4部，行政法规24部，部门规章54部；铁路运输领域法律1部，行政法规1部，部门规章16部；航空运输领域法律1部，行政法规13部，部门规章80部；邮政领域法律1部，行政法规1部，部门规章10部；城市公共交通领域暂无法律和行政法规，仅有1个部门规章，具体见表2-1。

我国交通运输立法情况统计表　　表2-1

领域	法律	行政法规	部门规章	地方性法规	地方政府规章	合计
公路运输	1	3	32	191	207	434
铁路运输	1	1	16	5	13	36
航空运输	1	13	80	10	14	118
水路运输	4	24	54	73	100	255
城市交通	0	0	1	40	33	74
邮政	1	1	10	35	22	69

地方层面立法743部，其中省级交通运输立法（含直辖市）共计432部，市级交通运输立法共计311部。公路、水路交通运输立法共

571部，占地方交通运输立法总数的76.85%。全国铁路、民航、邮政领域地方立法共计99部（其中省级79部、市级20部），占地方交通运输立法总数的13.32%。

在推进综合交通运输政策制度设计方面，改革进程不断加快，效果显现。2013年大部制改革后，交通运输部机构职责第一条明确要求“负责推进综合交通运输体系建设，统筹规划铁路、公路、水路、民航以及邮政行业发展，建立与综合交通运输体系相适应的制度体制机制，优化交通运输主要通道和重要枢纽节点布局，促进各种交通运输方式融合”。2017年，国务院印发的《“十三五”现代综合交通运输体系发展规划》（国发〔2017〕11号），明确提出要“完善现代综合交通运输体系。坚持网络化布局、智能化管理、一体化服务、绿色化发展，建设国内国际通道联通、区域城乡覆盖广泛、枢纽节点功能完善、运输服务一体高效的综合交通运输体系”。2014年交通运输部印发《交通运输部关于全面深化交通运输改革的意见》（交政研发〔2014〕242号），其中多次提到综合交通运输改革，加快综合交通运输建设成为当前交通运输业发展的重点。2015年9月，交通运输部印发的《交通运输部关于全面深化交通运输法治政府部门建设的意见》（交法发〔2015〕126号）提出，应“积极推进综合交通运输立法，加快构建综合交通运输法规体系”。为构建综合交通运输体系，建立和完善综合交通运输法规体系，2016年，交通运输部印发《交通运输部关于完善综合交通运输法规体系的实施意见》（交法发〔2016〕195号），规定了跨运输方式法规系统及铁路、公路、水路、民航和邮政6个子法规系统的立法规划，提出力争到2030年，基本形成架构科学、布局合理、门类齐全、分工明确、上下有序、相互衔接的综合交通运输法规体系的主骨架。2019年9月，中共中央、国务院印发了《交通强国建设纲要》，提出“完善治理体系，提升治理能力”的任务要求。对深化行业改革，明确要求“坚持法治引领，完善综合交通法规体系，推动重点领域法律法规制定修订”。完善综合交通法规体系任重道远，当前已进入引领、支持和保障交通强国建设的新阶段。

二是完善综合交通运输标准规范体系建设。2015 年 5 月，交通运输部办公厅发布《关于成立综合交通运输标准化技术委员会的通知》，正式成立综合交通运输标准化技术委员会，负责综合交通运输领域标准化技术归口管理工作，综合运输标委会下设旅客联程联运、货物多式联运、工程设施 3 个专业组，负责统筹开展综合交通运输领域的标准制修订工作。交通运输部办公厅印发了《综合交通运输标准体系（2015 年）》确定了综合交通运输标准体系框架，形成了综合交通运输领域基础标准、运输服务标准、工程设施标准、安全应急标准、信息化标准、统计评价标准、运输装备和产品标准 7 个层次的标准体系，明确了今后一个时期综合交通运输标准制修订工作的任务和目标。发布了综合交通运输标准体系及 24 项综合交通运输标准，与综合交通运输相配套的法律法规标准体系进一步完善。

三是强化综合交通发展财税资金政策保障。目前，交通运输部、铁路局、民航局、邮政局分别在公路水路、铁路、民航、邮政领域出台了相关资金、财税、土地等政策，促进各种运输方式的快速发展，见专栏 2-1。

专栏 2-1　各子行业相关资金保障政策

公路：车辆购置税专项用于公路建设发展，重点用于公路重点项目、一般公路建设项目、普通国省道灾毁恢复重建项目、公路灾损抢修保通项目、农村老旧渡船报废更新项目、交通运输节能减排项目、公路甩挂运输试点项目、内河航道应急抢通项目、老旧汽车报废更新项目、国务院批准用于交通运输的其他支出等。

水路:港口建设费专项用于港口公共基础设施及航运支持保障系统的建设和维护。

此外,取消公路养路费、航道养护费、公路运输管理费、公路客货运附加费、水路运输管理费、水运客货运附加费等六项收费,提高成品油消费税单位税额,专项用于公路水路交通基础设施管理养护。

铁路:铁路发展基金主要投资国家批准的铁路项目。投入铁路发展基金的中央财政性资金,记作中国铁路总公司的国家资本金,资金来源包括铁路建设基金、中央预算内投资、车辆购置税。

民航:民航发展基金主要用于民航基础设施建设,民航节能减排、通用航空发展,民航科教、信息等重大科技项目研发和新技术应用等。民航发展基金由原民航机场管理建设费和原民航基础设施建设基金合并而成。

邮政:2013 年初,财政部和国家邮政局联合起草了《邮政普遍服务基金征收使用管理暂行办法》(征求意见稿),拟对在我国境内经营快递业务的企业征收邮政普遍服务基金,专项用于邮政普遍服务。

在财税、土地政策方面,国家针对各种运输方式均出台了一些税收优惠政策,促进各种运输方式的快速发展,见专栏 2-2。

专栏 2-2　交通运输行业相关税收优惠政策

耕地占用税减征政策。《中华人民共和国耕地占用税暂行条例》第九条规定:铁路线路、公路线路、飞机场跑道、停机坪、港口、航道占用耕地,减按每平方米 2 元的税额征收耕地占用税。

国际运输和我国港澳台运输适用增值税零税率。《关于将铁路运输和邮政业纳入营业税改征增值税试点的通知》(财税〔2013〕106 号)规定:中华人民共和国境内(以下简称“境内”)的单位和个人提供的国际运输服务,适用增值税零税率;境内的单位和个人提供的往返香港、澳门、台湾的交通运输服务以及在香港、澳门、台湾提供的交通运输服务,适用增值税零税率。

交通运输业增值税及相关优惠政策。根据《关于全面推开营业税改征增值税试点的通知》(财税〔2016〕36 号)、《关于调整增值税税率的通知》(财税〔2018〕32 号)、《关于深化增值税改革有关政策的公告》(财政部 税务总局 海关总署公告 2019 年第 39 号)等文件,自 2018 年 5 月 1 日起交通运输业税率从 11% 降至 10%,自 2019 年 4 月 1 日起交通运输业税率从 10% 再降至 9%;存量经营性公路(或船闸)、客运企业按简易计税法缴纳增值税;交通运输企业发生的路桥(或船闸)通行费、保险费、不动产建设、购置(或租赁)费陆续纳入进项税额抵扣范围,有效地减轻了企业税负。

在地方,各地也在不断加大对公路、水路、铁路、民航和邮政的资金政策支持。江苏省,在水运方面,2007 年出台了加快水运发展意见,建立了航道建设专项资金;2011 年,省政府出台《关于加快长江等内河水运发展的实施意见》,明确“十二五”期间省财政每年安排内河航道建设专项资金不少于 12 亿元。在铁路方面,省财政“十一五”期间提供 50 亿元资金注入江苏交通控股公司,并明确从 2011 年起每年不少于 10 亿元;2014 年,省政府《关于改革投融资体制加快推进铁路建设的实施意见》,明确设立省铁路建设发展资金,用 5 年时间筹集 500 亿元,以及组建江苏铁路投资发展有限公司等措施。在航空方面,2008 年出台了加快航空发展意见,提出了 20 条促进江苏省航空产业发展的措施。在城市客运方面，出台《省政府关于进一步落实城市公共交通优先发展战略的实施意见》，将公共交通发展放在城市交通发展的首要位置，在规划布局、设施建设、技术装备、运营服务等方面落实保障措施。在综合运输发展方面，江苏省出台了《关于加强全省铁路综合客运枢纽建设的意见》和《铁路综合客运枢纽规划编制要点》，着力加强规划建设指导和技术支持，实施了综合客运枢纽建设资金补助政策。四川省交通运输厅、发改委、财政厅联合出台优惠政策，对从事公水联运的集装箱运输车辆按40%收取通行费等。

四是加强统筹协调创新综合交通运输工作机制。注重创新工作机制，加强与综合交通运输发展相关部委间、部管国家局间的沟通协调，是综合交通运输改革发展的一条重要经验。在国家层面，交通运输部先后与国家发改委、公安部、铁路局、邮政局、旅游局、铁路总公司等商谈对接，明确了建立春运综合运输组织协调机制、加强城市交通与铁路客运站衔接、促进多式联运发展等重点工作。在地方，交通运输主管部门积极与铁路、民航、邮政等涉地部门加强沟通，建立协调机制，共同推动综合交通运输发展。

围绕区域发展战略，建立了区域综合交通运输协调机制。北京市，为全面推进京津冀区域交通一体化协同发展，不断改进提升综合运输服务，北京市交通委会同民航华北局、北京铁路局、北京市邮政管理局、北京市气象局，正在积极探索建立北京市综合运输服务工作机制，主要是通过建立日常的沟通联系机制、专项工作会商机制、信息交换共享机制、安全应急保障机制，来加强北京市交通部门与民航、铁路、邮政、气象等部门的工作融合与衔接。湖北省，为完善区域综合交通合作发展机制，以实现长江中游城市群交通一体化发展为目标，与湖南、江西、安徽等建立交通合作发展机制，积极申报设立国家长江中游城市群综合交通运输试验区。以抢抓国家长江经济带发展机遇为契机,建立省交通运输厅与长航局及湖北省沿江8市为主体的"2+8"合作机制,协同推进沿江综合交通运输体系发展。以发挥省市合力、促进区域交通一体化为重点,建立厅市共建推进机制,与全省所有17个市州签订了合作协议,优先支持城际骨架通道、综合客货运枢纽等建设,地方政府从规划衔接、资金投入、建设用地、项目审批、资源保护、产业布局等方面加大支持力度。

交通运输主管部门积极与地方发改、财政、国土、住建等有关部门,就综合交通运输发展建立管理协调机制。江苏省,南京市在城市公共交通方面,实行部门联合例会制度,形成以规划、国土、交通、住建、物价、公安等部门综合保障推进机制;扬州市政府成立了加快交通运输发展领导小组,由市政府主要领导或分管领导定期召集会议,就统筹扬州综合交通运输发展的建设、管理、改革等重大问题进行专题研究,形成了全市上下合力、条块联运的工作机制。贵州省建立了建设群众满意交通联席会议制度。省政府分管领导任召集人,省发展改革委、省公安厅、省财政厅、省住房城乡建设厅、省编委办、省交通运输厅、省邮政管理局、省机场集团有限公司等相关部门为成员单位,要求各市(州)成立相应的综合交通发展工作领导小组,由市(州)分管同志任组长、相关部门负责同志为成员,负责统筹区域内综合交通行动的组织实施、衔接协调等。浙江省纵向厘清中央与地方交通运输部门之间的事权和职责关系,建立与铁路、民航、海事、邮政等垂直管理部门及大型交通运输企业的协作机制;横向理顺交通运输部门与省级相关职能部门的职责分工,整合统一城市交通管理机制,省市两级均建立由交通、建设、公安、人防、物价、财政等多部门合署办公,集规划、建设、运营和管理四位一体的治堵工作机制。

二、转变政府职能，进一步优化市场环境

（一）加大简政放权，政府服务更加高效

简政放权的力度不断加大。交通运输行业坚定不移深化行政审批制度改革，形成了行政审批事项目录清单并正式对外发布。截至2019年底，交通运输部本级先后共分9批次取消下放行政审批事项46项，占比61.5%；取消下放19项中央指定地方实施行政审批事项，占比25%；取消了全部非许可事项；取消中介服务事项7项，减少职业资格事项15项，将16项工商登记前置改为后置审批；取消了“4.5吨以下普通货运车辆驾驶员从业资格证”和“4.5吨及以下普通货运车辆营运证（道路运输证）”两项事项，为600万辆轻型载货车辆车主减负。“放”的同时，“服”的能力水平不断提高。推行交通运输部行政许可网上办理、“互联网＋政务服务”，实现了行政审批“一个窗口”网上办理；推进对符合包装及数量条件的6种低危气体实行限量运输豁免，推进货运车辆年检年审合并、普通货车在省级辖区范围内实现异地检测，全面落实取消营运车辆二级维护强制性检测政策。

法治政府治理更加规范。制定交通运输部权力和责任清单，明晰各部门职责边界，自觉接受社会监督。加强行政审批改革加强事中事后监管创新，全面推进“双随机、一公开”监管，公布交通运输部“双随机”抽查事项清单，扩大“随机抽查事项”。深化“互联网＋监管”，实现线上监管与信息公开。建立交通运输行政执法公示、执法全过程记录、重大执法决定法治审核制度，推进交通运输行政执法信息化建设，形成交通运输综合行政执法规范化建设新局面。

（二）完善市场规则，激发市场活力

完善规则，深化市场管理改革。交通运输行业通过完善交通运输市场的监管条例、准入退出机制等，进一步推动交通运输市场管理

改革,维护市场秩序,激发市场活力,取得了良好的成绩。配合制定《市场准入负面清单草案(试行版)》,公布涉及交通运输领域的禁止准入类和限制准入类事项13项。全面规范交通运输领域行政处罚、行政检查和涉企收费,将港口经营服务性收费项目从45项大幅压减至15项,清理船舶登记费等行政事业性收费。推动建立健全港口、道路运输、出租汽车等市场形成价格机制,放开竞争服务性收费。降低企业制度性交易成本,推进跨省大件运输并联许可全国联网,"一站申报、全程响应"。四川省制定了《2014年加强制度建设工作安排》,明确了8个方面45项制度建设工作,其中多项工作涉及改进提升交通运输服务,如《四川省交通运输行风建设考核评价办法》《四川省道路旅客运输班线经营权招投标办法》等,促进了交通运输服务工作制度化、规范化,推进交通运输服务水平持续提升。完善服务标准体系,制定《四川省汽车客运站服务规范》《四川省城市公交服务规范》和《出租汽车服务规范》,全面推进道路客运、汽车站经营、汽车维修、危货运输、驾驶培训质量信誉考核工作。

大力实施降本增效,培育市场主体。交通运输行业通过建立综合运输市场机制,以市场经济的要求为导向,大力推进供给侧结构性改革促进物流业"降本增效",建立健全交通运输市场体系,积极扶持龙头骨干交通运输企业,优化市场秩序,推进我国交通运输业快速发展。交通运输部持续促进物流业"降本增效",2016—2019年可量化措施降低物流成本分别为558亿元、882亿元、981亿元和1209亿元。清理规范水上涉企行政事业性收费,取消船舶港务费等7项中央级设立的收费项目,每年减负约55亿元;停征船舶登记费、船舶及船用产品设施检验费,改革拖轮费计费方式,每年减轻企业负担约9亿元。全面取消蒙甘青宁4省(区)政府还贷二级公路收费,全年少收车辆通行费21.6亿元;规范限量瓶装二氧化碳气体道路运输管理,预计每年降低运输成本20亿元。新疆生产建设兵团在深入研究交通运输部《关于促进道路运输行业集约发展的指导意见》(交运发〔2014〕61号)文件精神基础上,深化改革、加快发展、调整产业结构、促进产业升级,抓住丝绸之路经济带建设的重大机遇,结合兵团交通运输的现状和兵团交通运输应急保障体系的建设实施集约化发展,打造兵团交通运输集团公司。

(三)加强信用体系建设,创新市场监管机制

全面推进交通运输信用体系建设,不断加强信用记录和评价结果在涉及行政审批、行政检查、建设工程招投标等方面应用。全国交通运输信用信息共享平台对接国家信用平台,累计归集31.3亿条信用信息,建立723万户企业、1988万个从业人员的"一户式"信用档案,河南、江苏、湖北共享信息超过1000万条,形成标准化归集、一体化清洗、系统化应用的大数据管理模式。建立信用联合奖惩机制,加大跨部门信用联合惩戒力度,截至2019年6月底,交通运输部累计公布了9批共计2439条公路超限严重违法失信名单,公示1批177条公路水路工程建设守信企业名单,累计限制购买动车高铁票596万人次、飞机票2682万人次,"信用交通"网站向社会提供1.02亿条信用信息的一站式查询服务,每年向社会公示1.3万家企业、21.7万名从业人员的评价结果,营造了行业、市场、社会协同监管的良好氛围。加强事前信用监管,浙江、安徽、河北、广西等27个省份在交通运输行政许可中应用了信用承诺制,积极推进公路水运工程建设、运输服务、安全生产等领域的信用评价,分级分类实施重点监管、精准监管。

(四)深化综合执法改革,取得成效

随着深化改革的不断推进,各地推进综合执法改革也在不断地探索和尝试,取得了良好的成效。福建省交通综合行政执法改革基本完成,除福州港、湄洲湾港外,省、市、县三级均成立了交通综合行

政执法机构,机构设置上:省级设总队,为省厅直属参公事业单位;设区市设支队,全省共有9个设区市支队;县(市、区)设大队,为各县(市、区)交通运输局直属参公事业单位;在福州港、厦门港、湄洲湾港中,厦门港已率先成立港航综合执法支队。河南省2014年出台了《河南省人民政府关于全省交通运输行政执法体制改革的意见》(豫政〔2014〕65号),同时配合改革出台的改革配套措施还有:省编委下发《关于全省交通运输执法体制改革有关机构编制问题的通知》(豫编〔2014〕50号);省编办、交通运输厅、财政厅、人社厅联合下发了《关于核定全省交通运输执法机构人员编制有关问题的通知》(豫编〔2014〕232号);河南省交通运输厅会同与省财政厅联合制定并下发执法经费的保障意见;明确执法队伍的运行机制,陆续印发相关实施意见,确保新的体制机制能够高效运转。2018年12月,中共中央办公厅、国务院办公厅印发《关于深化交通运输综合行政执法改革的指导意见》,交通运输综合行政执法改革进入新阶段。

三、优化发展结构,增强可持续发展能力

(一)不断优化调整发展结构

一是投资结构进一步优化调整。一方面,不断加大交通基础设施建设投资,随着交通基础设施建设的快速发展,交通运输对社会经济发展和出行需求的保障力度不断提高;另一方面,坚持"有进有出,综合平衡"原则,有效控制了交通基础设施建设总规模,尤其是严格控制高速公路建设规模,优化综合运输结构,强化内河水运建设,强化国省干线建设,促进区域交通协调发展。

行业结构得到优化。"十二五"内河水运建设投资增速明显高于铁路、公路和沿海港口同期水平,内河水运得到加强。公路内部投资结构得到优化,公路建设投资逐步向国省干线公路倾斜,在公路建设车购税资金中,"十二五"国省道所占投资比重由"十一五"的约

22%上升到约43%；高速公路所占比重由"十一五"的39.5%下降到33.0%，国省道建设得到加强。城际铁路、私家车出行在时效性、舒适程度上更有优势，对于传统公路客运和短途民航形成部分替代。

区域结构继续优化。投资向西部地区、"老少边穷"地区和集中连片特困地区倾斜，西部地区和集中连片特困地区得到加强。各种运输方式的优势逐渐得到充分发挥，将促使部分因为能力不足导致的不合理运输逐渐回归至合理的运输方式，铁路能源通道和高铁的建设极大增强了铁路货运能力，使得原有公路运输逐步回流到铁路运输，形成部分替代。

二是货运需求增速放缓，结构调整。"十二五"期间，由于我国煤炭、钢铁、水泥等大宗物资需求受到节能减排、抑制高能耗产业发展、新兴能源和可再生能源等因素影响，货运量增长整体缓慢；进入"十三五"，随着供给侧结构性改革深入推进，交通运输货运需求重新进入上升轨道，其中铁路和水路货运运输持续增长，见表2-2。

2011—2019年交通运输货运量情况(单位：万吨)　　表2-2

年份	货物运输量	铁路货运量	公路货运量	水运货运量	民用航空货运量	管道货运量
2011年	3696961	393263	2820100	425968	557	57073
2012年	4100436	390438	3188475	458705	545	62274
2013年	4098900	396697	3076648	559785	561	65209
2014年	4167296	381334	3113334	598283	594	73752
2015年	4175886	335801	3150019	613567	629	75870
2016年	4386763	333186	3341259	638238	668	73411
2017年	4804850	368865	3686858	667846	706	80576
2018年	5152732	402631	3956871	702684	739	89807
2019年	4706493	431773	3435480	747225	753	91261

在货运结构中，公路运输由于在中短途运输、门到门末端运输的优势，在集疏运体系中仍发挥主力作用，公路货运量一直保持着高的占比份额；铁路、水路货运虽持续增长，但在总货运量中占比还不够高，货运结构亟待进一步优化，如图2-1所示。未来，随着经济增速下降和产业结构调整的推进，带来的大宗物资运输需求增幅放缓，传统产业优化升级，新兴产业逐步发展，带来多批次、小批量、时效要求高的高附加值货物运输增多，集拼货、快递货运需求将明显增加。

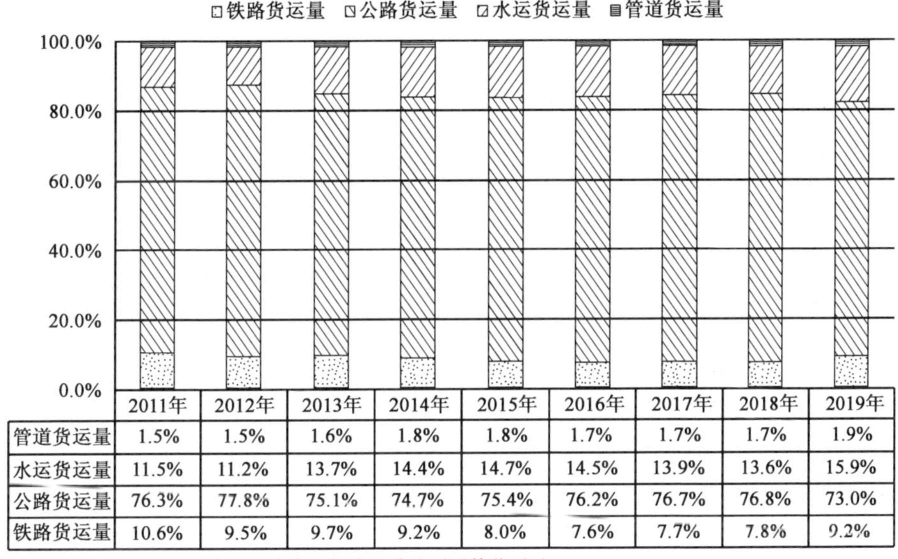

	2011年	2012年	2013年	2014年	2015年	2016年	2017年	2018年	2019年
管道货运量	1.5%	1.5%	1.6%	1.8%	1.8%	1.7%	1.7%	1.7%	1.9%
水运货运量	11.5%	11.2%	13.7%	14.4%	14.7%	14.5%	13.9%	13.6%	15.9%
公路货运量	76.3%	77.8%	75.1%	74.7%	75.4%	76.2%	76.7%	76.8%	73.0%
铁路货运量	10.6%	9.5%	9.7%	9.2%	8.0%	7.6%	7.7%	7.8%	9.2%

注：民用航空货运量在总货运量中占比很小，此处不再单独列示。

图2-1　货运量结构发展情况

三是客运增长幅度较大，结构趋于优化。2011—2019年，铁路、公路、水路、民航的客运结构不断优化，形成了以道路、铁路为基础，高铁、民航为主要发展方向的出行体系，见表2-3。2019年，全社会完成客运量176亿人次，道路客运量占比达到73.9%，比2011年的93.2%降低了19.3个百分点；铁路和民航客运量占比达到20.8%和3.7%，分别比2011年的5.3%和0.8%提高了15.5和2.9个百分点,如图 2-2 所示。全国 800 公里及以上道路客运线路 4480 条,与 2013 年相比减少近 30%,中长距离客流逐步从公路转向高铁和民航。高品质客运服务需求增加,商务出行、休闲旅游出行对运输服务的品种提出更高要求,高铁、民航客运出行需求增加。

2011—2019 年交通运输客运量情况(单位:万人)　　表 2-3

年份	旅客运输量	铁路客运量	公路客运量	水运客运量	民用航空客运量
2011 年	3526319	186226	3286220	24556	29317
2012 年	3804035	189337	3557010	25752	31936
2013 年	2122992	210597	1853463	23535	35397
2014 年	2032218	230460	1736270	26292.9	39195
2015 年	1943271	253484	1619097	27072	43618
2016 年	1900194	281405	1542759	27234.4	48796
2017 年	1848620	308379	1456784	28300.3	55156
2018 年	1793820	337495	1367170	27981.5	61174
2019 年	1760436	366002	1301173	27267.1	65993

四是综合运输体系短板建设加快。“十二五”期间,各种运输方式衔接质量对提升整个运输组织效率具有突出影响,综合运输体系短板建设主要体现在铁水联运、铁管联运、江海联运等多式联运方式,不仅是基础设施的硬件衔接,更多的是在运输服务的衔接和综合运输枢纽和一体化的多式联运运输服务衔接方面。对此,交通运输部会同国家发改委组织实施了多式联运示范工程,支持建设具有多式联运功能和区域集聚辐射作用的货运枢纽(物流园区),鼓励发展先进适用的多式联运技术装备,探索创新多式联运组织模式,推动多式联运信息系统建设。2018 年 9 月,国务院办公厅印发《推进运输结

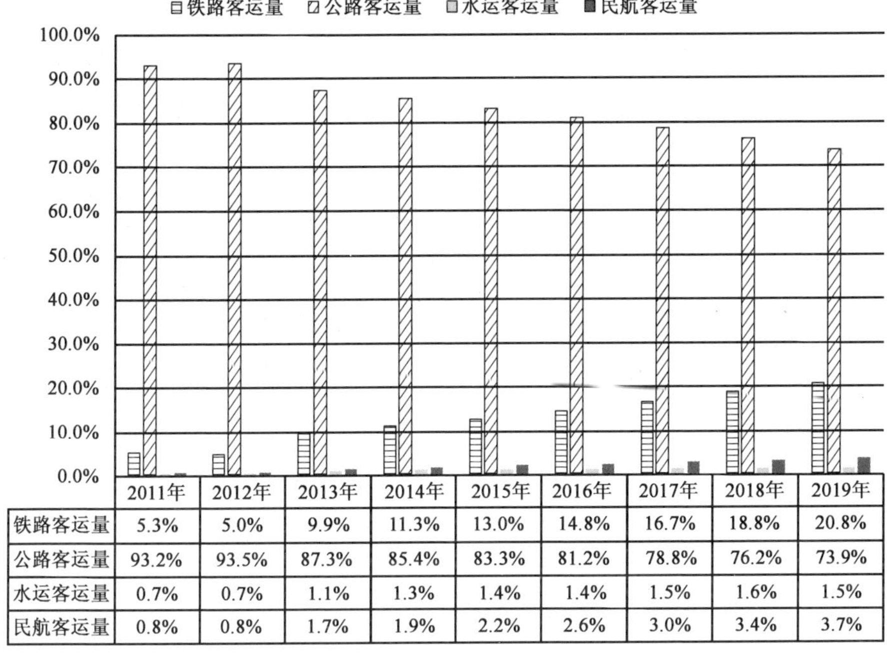

	2011年	2012年	2013年	2014年	2015年	2016年	2017年	2018年	2019年
铁路客运量	5.3%	5.0%	9.9%	11.3%	13.0%	14.8%	16.7%	18.8%	20.8%
公路客运量	93.2%	93.5%	87.3%	85.4%	83.3%	81.2%	78.8%	76.2%	73.9%
水运客运量	0.7%	0.7%	1.1%	1.3%	1.4%	1.4%	1.5%	1.6%	1.5%
民航客运量	0.8%	0.8%	1.7%	1.9%	2.2%	2.6%	3.0%	3.4%	3.7%

图 2-2　客运量结构发展情况

构调整三年行动计划》,将推进多式联运发展摆在突出位置,加大设施衔接、运输组织、装备技术服务规则等实践创新力度,加快推进运输结构调整、促进物流业降本增效。交通运输部会同铁路局、民航局、邮政局以及国铁集团,和国家发改委等有关部门加快推进相关工作的落实,成立运输结构调整工作的专项工作组,推进重点项目的建设。截至 2019 年底,京津冀等地区 8 省建成 21 条铁路专用线,长三角地区沿海主要港口的矿石、焦炭等大宗货物运输和水路运输比例,由 2017 年的 75.6% 增长到 2019 年三季度的 84%;2019 年前三季度,交通运输部联合国家发改委开展了 3 批 70 个多式联运示范工程项目,共完成集装箱多式联运量 382 万标准箱,累计开通线路 390 余条,与公路运输相比,降低物流成本约 112 亿元,减少能耗 153 万吨标准煤,减少碳排放 397 万吨。

（二）科技创新驱动发展能力增强

当前，交通领域攻克了以跨海集群工程、高原高寒高海拔高速公路建设为代表的重大基础设施建设技术，突破了自动化码头、大型挖泥船、大型盾构机等一批重大装备技术瓶颈，突破了一批运输装备的关键技术。高速列车、重载列车、城轨列车、港口装备、超大型船舶和电动汽车等交通运输装备水平跃居世界前列；新能源道路运输装备初步实现产业化；自主研制的支线客机、通用飞机、直升机已交付使用；公路营运客车高档化、舒适化以及营运货车大型化、专业化程度稳步提升；运输船舶大型化、专业化、标准化发展势头显著，组织实施了老旧运输船舶和单壳油轮提前报废更新；推动了大吨位打捞、深水应急搜救等技术快速发展，有力支撑了港珠澳大桥等重大工程顺利建成。

实施智慧交通发展行动计划，推进“互联网＋”便捷交通，部署建设综合交通运输大数据应用中心，实施“综合交通运输与智能交通”重点专项，启动9个省份的新一代国家交通控制网和智慧公路试点，全力推进交通运输行业数据资源开放共享，智能交通建设发展全面提速。大数据、云计算、物联网、移动互联网等信息通信技术在交通运输领域广泛应用，北斗导航系统成为第三个面向国际航海应用的全球卫星导航系统。完善优化科技成果转移转化管理，加强成果转移转化知识产权保护，大力实施科技示范工程，推动行业科技创新引领发展。建设了一批国家和行业重点科研平台，科研创新能力大幅提升。

（三）大力促进生态文明建设

交通运输业加快了绿色交通中的新技术、新能源、新装备的推广应用。实施“十三五”节能环保规划顶层设计，加大行业重点节能低碳技术推广，全面深入推进绿色交通发展。以绿色交通为重点的基础设施建设、运营服务、新技术应用等涉及交通运输业的方方面面，取得了有目共睹的成绩和进步。在交通运输规划、设计、建设、运营等环节贯彻生态保护理念，逐步建设了一批示范性绿色铁路、公路、港口和航道，探索创新荒漠区、高寒区、围填海区域交通运输基础设施生态修复技术。全国煤炭运输港口、重点矿石运输港口开展粉尘污染控制措施，在珠三角、长三角、环渤海（京津冀）水域设立了船舶排放控制区，长江干线、京杭运河、部分沿海地区布设了溢油应急设备库和配置点，部分港口安装了码头油气回收装置，实施了船舶岸电工程。着力推进运输结构调整和污染防治，以增加清洁能源供应结构、调整能源消费结构为重点，大力推进京津冀及周边地区运输结构调整和大气污染防治相关工作。加快更新改造老旧载运装备，截至2019 年 5 月，淘汰不合规运输车辆约 3.2 万辆，拆解单壳液货危险品船和老旧运输船 4381 艘。实施“公交优先”战略，新能源和清洁能源运输工具不断增加，公共自行车系统快速兴起。

（四）行业合作开放水平不断提升

积极参与国际事务，在铁路合作组织、国际海事组织、国际民用航空组织和万国邮政联盟等重要交通运输国际组织中发挥着建设性作用。推进多双边合作和区域合作，与 100 多个国家签订了铁路、公路、海运、民用航空和邮政政府间协定及双边、区域合作文件。不断加强高铁、公路、港口码头等领域技术标准国际合作，累计主持和参与 114 项国际标准制修订项目，交通运输标准的国际话语权和影响力不断增强。不断扩大对外开放，目前在交通运输基础设施领域，除了铁路干线和民用机场的建设经营要求中方控股外，所有公路桥梁、港口码头以及其他铁路和城市轨道对外资不设限；在运输服务领域，公路货运、国际集装箱多式联运、国际海运辅助服务完全放开。加快“走出去”步伐，中国交通运输企业正在从传统劳务输出和工程承包向资本输出、技术输出、管理输出、标准输出转变,业务涉及交通运输基础设施建设、港口经营、远洋运输、交通运输装备、船舶检验、航海教育等众多领域。

(五)不断巩固行业资金保障

制订大交通口径的交通运输领域中央与地方财政事权和支出责任划分改革方案,研究建立收费公路专项债券、交通发展基金、防范化解债务风险、推广 PPP 模式等一系列制度,初步形成新时代与交通运输发展相适应的资金保障机制。加强 PPP 模式探索创新,通过采用 BOT + EPC(建设-经营-转让 + 工程总承包)等建设模式创新、优化资金补助形式、合理设计分担风险、明确绩效考核等多种形式,积极吸引社会资本参与交通基础设施建设,将应用范围从高速公路拓展到了普通公路、港口、内河水运、场站枢纽等领域。

四、提升服务水平,强化民生保障能力

(一)公共服务均等化水平提升

随着快速铁路、高速公路、城际轨道等快速交通网络的建设,增进城市之间联系,强化了中心城市的辐射功能。政府将农村客运纳入基本公共服务体系,初步形成了以县城为中心、乡镇为节点、建制村为网点、遍布农村、连接城乡的农村公路客运网络。中心城市之间、城市群内部之间的产业分工与协作更加紧密,人员交流出行更加便捷,同城化、一体化发展趋势更加明显,城市的空间格局进一步优化,人们的生活方式和时空观念发生着改变,中心城市的辐射带动作用更加明显。

大力推进城乡交通运输一体化发展。服务于大中小城市和小城镇的协调发展,服务于城镇化和新农村建设的协调推进,通过城市公交线路延伸和农村客运的公交化改造等,改善农民的出行条件,将建制村通客车工作作为民生实事推进。截至 2019 年底,全国农村公路

总里程达到405万公里,其中等级公路比例达到91.3%,硬化路率达到81.3%,全国5.2万个乡镇和4.1万个建制村中,具备条件的乡镇和建制村全部通了硬化路,具备条件的建制村通客车率已经达到99.45%,乡镇通客车率达到99.64%;快递乡镇网点覆盖率达到92.4%,直接通邮率超过98.9%;全国275个地级以上城市实现交通一卡通互联互通,城市交通公共服务均等化水平不断提升,其中20个地级以上城市实现交通一卡通移动支付应用,新发行互联互通卡(含移动支付账户)1500万张,进一步推进城市轨道交通、出租汽车、城市轮渡、市域(郊)铁路等多种出行方式一卡支付。城市公交出行分担率稳步提高,舒适度不断提升。

交通助力扶贫脱贫。进入21世纪以来,先后实施乡镇和建制村通达通畅工程、集中连片特困地区交通扶贫等10多个专项建设计划,加大对农村地区、贫困地区交通建设的支持力度。"十二五"期间,投入车购税资金超过5500亿元支持交通扶贫建设,集中连片特困地区83.8%的县城通二级及以上公路,提高贫困地区农村客运车辆通达率,逐步解决了溜索等特殊问题。精准发力"交通+特色产业"扶贫,截至2018年,已建设资源路、旅游路、产业路2.87万公里,农村多个地区实现了脱贫,2013—2018年,贫困发生率从10.2%下降到1.7%。

(二)物流组织效率大幅提升

物流服务一体化、区域物流协同发展。为了适应市场变化,提高物流运作效率,原本相互联系却又独立运行的各个物流环节,正在逐步整合,出现了以资产、联盟、平台为纽带的资源整合模式。物流要素跨区域流动和物流服务网络化推动了不同地区的物流资源互联共享,如跨区域物流中小企业联盟、跨区域多式联运通道等新的物流组织模式极大提高了运输效率。中欧集装箱货运班列影响力不断扩大,铁路货运实现了“实货制”。截至 2018 年,中欧班列联通国内 59 个城市与欧洲 15 个国家的 49 个城市,累计开行 1.3 万余列。大力推进物流园区(货运枢纽)建设,建立货运信息平台,增强货运集散中心供需双方的有效对接,推动运输服务向更高层次发展。物流成本不断下降,公路营运货车里程利用率达到 70%,铁路利用货车重车率达到 68%。

货物多式联运大力发展。运输组织更加优化,开展了 209 个公路甩挂运输试点项目,开通甩挂运输线路 780 条,甩挂试点线路覆盖全部 31 个省(区、市),各地依托现有交通资源,在公铁联运、铁水联运等方面均开展了探索尝试。江苏省充分发挥独特的水运资源优势、公路和航空网络的广覆盖高品质优势,以及铁路固有的技术经济优势,积极推行一票到底、全程负责多式联运。推动连云港港等大宗物资铁水联运发展,主要港区实现铁路进线;推动集装箱江海河联运发展,以太仓港为试点,推动长江及内河“驳运快线”建设;加快大宗散货海进江中转体系、江海物资转运体系建设,积极发展沿江港口大宗物资江海联运。四川省长江干线上的泸州港、宜宾港,组织开展多式联运,成都经济区至泸州、宜宾港的公路、水路集装箱联运已初具规模,并呈现加速发展的趋势;2013 年 11 月,开通了泸州港—昆明铁水联运班列,近期将开通泸州—攀枝花铁水联运班列。

在“互联网+”的形式下,供应链服务趋势增强。加快物流信息平台建设,全面提升区域物流、港口物流等信息化水平。鼓励龙头骨干企业建设物流信息管理系统,并接入和使用交通运输物流公共信息平台,实现与全国或区域性交通物流公共信息平台的互联互通。鼓励龙头骨干企业加大信息化建设投入,扩大信息化应用范围,实现信息化全覆盖,提升整体服务能力和水平。鼓励龙头骨干企业积极探索应用电子商务、物联网等先进技术。港口企业加快推进信息化与港口生产、服务、管理各环节全过程融合，提升港口服务效率、安全性能、服务质量和服务便捷性。港口企业加快建立完善物流信息平台，提供港口物流全过程动态信息服务。鼓励港口企业发展第三方港航信息服务、电子商务服务，延伸港口物流信息增值服务。继续推进集装箱铁水联运物联网应用工程。

（三）交通民生保障更加有力

强化运输服务增强获得感。深化城市交通拥堵综合治理，在 87 个城市开展了公交都市创建。推进旅客联程运输发展和道路客运接驳运输，截至 2017 年底，30 个省（区、市）已建成或基本建成省城道路客运联网售票系统，全国二级及二级以上客运站联网售票覆盖超过 95%。推进机动车驾驶培训先学后付、计时收费模式服务创新，截至 2017 年底，全国提供“计时培训、按学时收费、先培训后付费”服务的驾培机构达 13238 家，覆盖率达 78%。着力构建科学完善的交通运输安全体系，人民群众出行由“走得了”向“走得好”升级发展，“春运”等节假日综合运输服务保障能力显著提升。“互联网 + 交通运输”快速发展，提供实时交通运行状态查询、出行路线规划、线（网）上购票、智能停车等“一站式”服务。12328 交通运输服务监督电话全面开通。

培育新业态提升服务品质。以网络预约出租汽车、互联网租赁自行车、网络货运等为代表的新业态新模式，成为推动服务业结构优化、快速增长的新动能，创造了大量新的就业岗位。2018 年，快递业务量完成 507.1 亿件，近 10 年年均增长 42.1%；网络预约出租汽车、互联网租赁自行车等提供服务的人数超过 2000 万人。完善网络预约出租汽车经营服务管理和运营服务，截至 2019 年 12 月，网约车、共享单车、分时租赁等交通新业态已经得到逐步规范，全国范围内已有 150 多家网约车平台公司在部分城市获得经营许可，各地共发放网约车车辆运输证86万张,驾驶员证185万张。据网约车监管信息交互平台统计,目前全国网约车日均完成订单量超过2000万单,每日实际提供运输服务的驾驶员约200万人。加快无车承运物流创新发展,推动28个省(区、市)共229家企业开展无车承运试点工作,整合社会零散运力54万辆,完成运量1.3亿吨,车辆里程利用率提高约60%。无车承运试点模式是公路货运市场管理机制的一次重要创新,据统计数据显示,与传统运输模式相比,无车承运试点企业的车辆里程利用率提高50%,交易成本降低6%~8%,驾驶员月收入增加30%~40%,等货时间由2~3天降低至8~10小时,随着网络货运的进一步发展,物流行业将加快数字化转型进程,公路货运效率不断提升。

五、加强精神文明建设,提升发展软实力

认真贯彻落实党中央国务院关于推进精神文明建设的各项部署,推动行业精神文明建设不断向纵深发展。牢固树立"四个意识",坚定"四个自信",做到"两个维护",行业的凝聚力战斗力不断增强;全行业大力弘扬社会主义核心价值观,带头践行社会主义核心价值观;全行业的法治意识和服务水平不断提升,人民满意交通建设取得了积极成效;全行业创新发展的意识和手段不断增强,进一步强化了社会主义核心价值观建设成效。

(一)巩固加强党风廉政建设

旗帜鲜明讲政治。深入学习习近平新时代中国特色社会主义思想,深入学习习近平总书记关于交通运输工作的重要论述,持续推进"两学一做"学习教育常态化制度化。制定《关于维护党中央集中统一领导的规定》《关于贯彻落实新时代党的建设总要求 推动全面从严治党向纵深发展的意见》《关于贯彻落实〈关于深化中央纪委国家监委派驻机构改革的意见〉的实施意见》,严明党的政治纪律和政治规矩,不断增强党内政治生活的政治性、时代性、原则性、战斗性。引

导党员干部切实增强“四个意识”、坚定“四个自信”，坚决做到“两个维护”，建设让党中央放心、让人民满意的模范机关。

正风肃纪成效显著。严格落实全面从严治党“两个责任”，严格落实中央八项规定精神，驰而不息整治“四风”。认真贯彻落实党风廉政建设责任制，扎实推进交通运输特色惩治和预防腐败体系建设。推进干部选拔任用制度改革，形成了风清气正的用人环境。坚决贯彻落实国务院大督查各项整改要求，开展交通扶贫领域腐败和作风问题专项治理，对中央脱贫攻坚专项巡视发现的问题立行立改。深化了领导干部经济责任审计，加大对部属单位的巡视监督力度；坚决纠正损害群众利益的不正之风，严肃查处了一批违纪违法案件。内审制度更加完善，财经纪律刚性约束更加彰显。

基层组织建设坚强有力。优化完善组织体系，确保党的组织、党的工作全覆盖。严格规范组织管理，严肃认真开好民主生活会、组织生活会，充分发挥基层党组织战斗堡垒作用和党员先锋模范作用，党的建设焕发新气象。

干部人才队伍展现新面貌。出台《关于进一步加强干部队伍建设的意见》等文件，为激励干部新时代新担当新作为提供了制度保障。强化国家重大战略人才支撑，高层次高技能人才队伍建设不断加强，职业资格工作持续改进和提升。行业新型智库建设稳步推进，凝聚起推动事业发展的强大合力。

(二)加强交通精神文明建设

加强顶层设计，出台相关政策。印发《中共交通运输部党组关于加强交通运输行业宣传思想文化工作的意见》，明确了新形势下加强宣传思想文化工作的“五大工程”——思想政治教育工程、核心价值践行工程、宣传舆论引导工程、文化建设示范工程、行业文明创建工程。认真贯彻落实中央关于培育践行社会主义核心价值观的工作部署,印发《交通运输行业核心价值体系建设实施纲要》《交通运输行业培育践行核心价值体系行动方案》。加强新闻宣传工作,印发《交通运输部关于进一步加强交通运输新闻宣传工作的意见》。

深化实践养成,开展文明创建活动。深入开展文明生产、文明服务、文明执法各项工作,并落实到行业文明创建活动中,开展了文明工地、文明服务区、文明执法示范窗口等建设评选。大力弘扬"两路"精神、青藏铁路精神、港珠澳大桥奋斗精神,号召向川航英雄机组学习。培树"军民融合先遣兵"王淑芳、"时代楷模"曲建武、"水上交通运输安全的忠诚护卫"陈维、"雪线邮路驾驶员"其美多吉、"新时代铁路榜样"徐前凯、"蓝天上的雷锋班组"金凤乘务组等先进典型,打造交通运输行业"最美"人物谱系。"十二五"以来,交通运输行业共计231 家单位荣获全国文明单位,1471 个集体、1013 名个人获得部级先进荣誉称号,每年推选 10 名"感动交通十大年度人物",40 名"感动交通年度人物",群众性精神文明创建活动蓬勃开展。

推动多方发力,精神文明建设特色纷呈。公路水路行业积极推进核心价值倡导行动、道德模范引领行动、文明主题创建行动、文化品牌培育行动和行业形象塑造行动,"最美港航人""最美码头""最美客运班线""最美驾校"等"最美"形象如雨后春笋,在行业内生发、向社会上传递。铁路行业着力提升文明服务水平,加强文明出行宣传,提升铁路行业文明形象。民航行业大力弘扬和践行当代民航精神,加大宣传力度,强化实践和典型示范引领,致力于使当代民航精神成为全体民航人的思想自觉和行为准则。邮政行业以建设与小康社会相适应的现代邮政为目标,深入推进行业精神文明建设,全面践行社会主义核心价值观和邮政行业"4S"核心价值理念,树立和打造了一批具有邮政行业特色的优秀品牌。各地以学习实践社会主义荣辱观、构建和谐交通为主线,以提高交通职工素质为根本,坚持围绕中心，服务大局，深入开展“学先进、树新风、创一流”活动，大力加强思想道德建设，广泛开展群众性精神文明创建活动，不断提升行业文明程度，开创了地方交通运输精神文明建设工作新局面。

第三节　交通运输推进改革主要经验

改革开放以来，特别是进入新时代以来，我国交通运输行业科学发展取得了举世瞩目的成就，也在积极推进交通运输改革发展的实践中积累了宝贵经验。

一、坚持党的集中统一领导为统领

党的十九大报告中明确指出，“中国特色社会主义最本质的特征是中国共产党领导，中国特色社会主义制度的最大优势是中国共产党领导”。由此，在治理现代化进程中我们要坚持“党的领导”，体现“党性”要求，始终坚持发挥中国共产党在治理现代化进程中的领导作用。纵观世界，没有一个国家能像中国这样，用短短40年建成世界上规模数一数二的交通基础设施。究其根本，在于有中国共产党的领导，在于充分发挥了我国社会主义制度集中力量办大事的优势。推进交通运输治理现代化，必须坚持和加强党的领导，以习近平新时代中国特色社会主义思想武装头脑，牢固树立“四个意识”，坚定“四个自信”，做到“两个维护”，以高度的责任感、使命感，认真落实党中央关于交通强国建设的各项决策部署，充分发挥党在把方向、谋大局、定政策、促改革中的领导核心作用，确保推进交通运输治理现代化沿着正确方向前进。

二、坚持以人民为中心的发展定位

党的十八大以来，习近平总书记一再强调坚持以人民为中心，

“以人民为中心的发展思想”是对国家治理现代化核心宗旨的高度凝练。交通为什么发展、为谁发展、怎样发展,要一以贯之地坚定“一切为了人民、一切依靠人民”的立场,要着力解决经济社会发展和人民群众日益增长的交通运输需求与交通运输供给之间的矛盾。70年来,交通运输行业始终秉承“以人民为中心”的价值理念,把满足经济社会发展和人民群众的交通运输需求作为出发点和落脚点,紧紧抓住发展这个第一要务,认真贯彻落实中央的部署要求,围绕中心、服务大局,坚持科学发展、高质量发展,不断提升发展的质量和水平,推进服务型政府建设,加强法治交通建设,走出了一条符合中国国情和交通运输特色的交通发展与治理道路。

三、坚持做好发展战略规划顶层设计

要统筹做好发展谋划,善于抓住重大发展机遇,以好机制、好政策推动交通运输发展战略、发展步骤、重大举措落到实处。70年来,交通运输业始终坚持认真贯彻执行党中央、国务院的重大决策部署,秉承“优先发展”“发展以综合运输体系为主轴的交通业”“统筹规划、条块结合、分层负责、联合建设”等一系列方针,抓住促进交通运输业成为经济恢复发展的战略重点、扩大内需稳定经济增长、国家实施区域发展战略当好先行、新时代建设交通强国等一系列重要机遇,通过制定“三主一支持”、交通现代化“三步走”“三个服务”“四个重点”、交通发展方式“三个转变”以及“四个交通”等行业发展战略,国务院批复国家铁路网、高速公路网、农村公路、沿海港口、内河航道、民用机场、综合交通网、综合交通运输等一系列中长期规划,党中央国务院印发交通强国建设纲要等,明确了行业发展目标和方向,加强对交通运输行业发展的充分引领,使我国交通发展的蓝图更加清晰、步骤更加明确,确保交通发展战略、发展步骤、重大举措落到实处,促进和保障了交通运输科学发展、和谐发展、安全发展,是我国交通运输取得了举世公认的重大成就,为国民经济、社会发展作出了巨大贡献。

四、坚持市场化方向深化改革开放

历史与实践证明,改革开放是决定当代中国命运的关键抉择,是党和人民事业大踏步赶上时代的重要法宝。习近平总书记指出,“改革开放的过程就是思想解放的过程”“中国人民坚持解放思想、实事求是,实现解放思想和改革开放相互激荡、观念创新和实践探索相互促进,充分显示了思想引领的强大力量”。没有解放思想、实事求是,就不会有改革的突破、开放的襟怀。实践发展永无止境,解放思想永无止境,改革开放永无止境。多年来,交通运输工作坚持解放思想、转变观念,冲破体制性机制性障碍,以政企分开、扩大企业经营自主权为突破口,对市场化改革进行有益探索,政府职能逐渐由直接管理和微观管理逐渐向行业管理转变;破除“一大二公”的所有制模式,形成了多形式、多成分的运输经济结构;破除了计划经济的僵化体制,建立了统一开放、竞争有序的交通建设市场和运输市场;破除了国家投资的单一渠道,形成了多元化的投融资格局;扩大开放,引进国外先进技术、资金和管理经验,使交通运输管理具有了国际视野,交通运输行业拓展了发展空间。正是确立并坚持了改革发展的市场化改革取向,正是这种与时俱进的思想解放和不断深化的市场化改革实践,不断消除制约交通运输发展的体制机制性障碍,推动交通运输业不断提高现代化、市场化、国际化水平。

五、坚持上下联动凝聚改革强大合力

推动交通运输事业建设发展,必须坚持调动各方面的积极性,营造交通运输发展的强大合力。70 年来,交通运输工作坚持“统筹规划、条块结合、分层负责、联合建设”的方针,充分发挥中央、地方和人民群众的积极性,形成加快交通运输发展的联动机制和强大合力。各地加强组织领导,给予了坚定支持,在组织领导、征地拆迁、资金筹措等方面做了大量工作，并实行了一系列倾斜政策；广大人民群众充分认识到“要想富先修路”，积极支持并踊跃参加交通建设，大家合力推进基础设施建设、管理、区域和城乡协调发展、重大改革、应对处置重特大自然灾害等，形成了全国交通运输一家人、交通运输工作一盘棋局面。实践证明，只有凝聚各方力量，形成共同推进交通事业的强大合力，才能不断把交通改革发展事业推向前进，才能有效应对建设发展中遇到的困难与挑战，不断开拓交通运输改革发展事业的新局面。

六、坚持以法治化建设护航改革发展

交通法治工作是各项交通管理工作的基础，交通运输改革发展的一项重要制度保障，就是把法治建设提到更加突出的地位，坚持改革、发展与法制建设同步进行，实现各项交通工作的法治化。改革开放以来，交通运输行业坚持立法与执法并重、执法与执法监督并举，依法治交通的局面逐步形成，一大批交通行政法规、规章相继出台，初步搭起了交通法规体系框架，为交通改革和发展提供了法制保障。始终坚持强化对行政权力的制约和监督，深入推进权力公开运行机制建设，推进行政决策科学化、民主化、法制化。政府部门接受监督的自觉性进一步增强，社会监督效果进一步强化。法治交通理念深入人心持续增强，行政争议社会矛盾依法有效化解，交通发展的法治环境不断改善。

第三章　交通运输深化改革面临的主要问题

坚持问题导向，把问题作为研究制定政策的起点，有利于把工作的着力点放在解决最突出的矛盾和问题上。新时代，与交通强国建设更高要求相比，与人民群众对交通的更高期待相比，与国际上交通运输日趋激烈的竞争相比，交通运输深化改革还面临着综合交通改革待深化、行业治理待提升、服务水平待提高和政策制度环境待优化等方面问题。

第一节　深化综合交通管理改革方面

从2008年开始的大部制改革，民航、邮政、铁路从管理体制上已经归属交通运输部，国家层面综合交通管理体制已经成形，但由于综合交通运输相关管理职责的分割与交叉，实际运作中还存在各种运输方式衔接不顺的问题。

一、综合交通职责未统一，行业资源难统筹

综合交通职能配置分散在多部门，在统筹推进综合交通基础设施建设、运输服务提升、预算资金安排、行业管理监督的过程中缺少抓手，难以统筹协调，如：

在综合运输规划建设上，交通运输部门承担涉及综合运输体系的规划协调工作，并会同有关部门组织编制综合运输体系规划；国家

发改部门负责研究提出交通运输（含城市轨道交通）和邮政发展的战略、规划、改革方案和政策措施，衔接平衡交通、邮政行业规划和行业政策，二者存在职责交叉。

在城市地铁轨道管理上，住房和城乡建设部指导城市地铁、轨道交通的规划和建设，交通运输部指导城市地铁、轨道交通的运营，城市地铁、轨道交通规划建设与营运的体制分割，不利于城市轨道交通发展与综合交通运输体系的衔接和融合，限制了交通运输部门提高安全管理的针对性与实效性。

在交通安全生产上，与安全设施有关的道路建设、车辆性能检测、交通路面安全监管、超限超载认定等职能在公安部门，交通运输部门负责行业管理，但实质上交通部门在道路规划、设计、养护和管理以及运输组织等行业管理方面承担了大量基础性、预防性的安全管理工作，由于安全管理与行业管理的界限很难界定清楚，一方面造成公安、交通运输部门职责交叉，协调配合较差，无法形成道路交通安全管理的合力；另一方面也造成安全责任不明，容易出现相互推诿责任的现象。

在统筹交通发展资金政策上，国家发改部门负责提出交通、邮政行业中央财政性建设投资安排意见；交通运输部门负责提出公路、水路固定资产投资规模和方向、国家财政性资金安排意见，无权统筹铁路、民航、邮政等其他行业固定资产投资规模和方向及国家财政性资金安排意见。此外，财政部负责交通的部门预算有关工作，交通运输部仅负责公路水路交通预算管理工作，无权统筹铁路、民航、邮政部门预算管理工作。

大部制改革后，中央相关部委关于综合交通的主要职责详见专栏 3-1。

专栏 3-1　国家有关部门关于综合交通运输方面的职责

交通运输部：承担涉及综合运输体系的规划协调工作，会同有关部门组织编制综合运输体系规划，指导交通运输枢纽规划和管理。组织拟订并监督实施公路、水路、民航等行业规划、政策和标准；组织起草法律法规草案，制定部门规章；参与拟订物流业发展战略和规划，拟订有关政策和标准并监督实施；指导公路、水路行业有关体制改革工作。承担道路、水路运输市场监管责任；组织制定道路、水路运输有关政策、准入制度、技术标准和运营规范并监督实施；指导城乡客运及有关设施规划和管理工作，指导出租汽车行业管理工作。负责汽车出入境运输、国际和国境河流运输及航道有关管理工作。承担水上交通安全监管责任；负责水上交通管制、船舶及相关水上设施检验、登记和防止污染、水上消防、航海保障、救助打捞、通信导航、船舶与港口设施保安及危险品运输监督管理等工作；负责船员管理有关工作。负责中央管理水域水上交通安全事故、船舶及相关水上设施污染事故的应急处置，依法组织或参与事故调查处理工作，指导地方水上交通安全监管工作。负责提出公路、水路固定资产投资规模和方向、国家财政性资金安排意见，按国务院规定权限审批、核准国家规划内和年度计划规模内固定资产投资项目；拟订公路、水路有关规费政策并监督实施，提出有关财政、土地、价格等政策建议。承担公路、水路建设市场监管责任；拟订公路、水路工程建设相关政策、制度和技术标准并监督实施；组织协调公路、水路有关重点工程建设和工程质量、安全生产监督管理工作，指导交通运输基础设施管理和维护，承担有关重要设施的管理和维护；按规定负责港口规划和岸线使用管理工作。指导公路、水路行业安全生产和应急管理工作；按规定组织协调国家重点物资和紧急客货运输,负责国家高速公路及重点干线路网运行监测和协调,承担国防动员有关工作。指导公路、水路行业环境保护和节能减排工作。

国家发改委:负责协调统筹交通运输发展规划与国民经济和社会发展规划、计划的衔接平衡;综合分析交通运输运行状况,协调有关重大问题,提出有关政策建议;负责组织重要物资的紧急调度和交通运输协调。具体有:负责关系经济社会运行的交通运输协调和衔接;负责重点物资运输的综合平衡和日常调节,组织应急物资的紧急调运;研究拟订现代物流业发展的相关政策措施并组织实施,参与拟订物流行业发展战略和规划,协调推进现代物流发展。研究提出交通运输(含城市轨道交通)和邮政发展的战略、规划、改革方案和政策措施。统筹交通运输发展规划、计划与国民经济和社会发展规划、计划的衔接平衡。衔接平衡交通、邮政行业规划和行业政策。综合分析交通运输运行状况,加强交通运输趋势发展研判。协调有关重大问题,审核重大建设项目,监管交通基础设施建设。拟订国防交通发展规划和计划。提出交通、邮政行业中央财政性建设投资安排意见。研究提出中央政府管理的商品价格、服务价格、国家机关收费改革方案并组织实施。拟订重要商品价格、服务价格和收费政策并组织实施。拟订少数中央政府管理的商品价格、服务价格和收费标准。

财政部:承担交通的部门预算有关工作;参与拟订中央建设投资的有关政策;按规定管理铁道、邮政等国有资产和资源性资产权益;承担财政投资评审管理工作。负责拟订行政性经费的财政财务制度,研究提出相关财政政策。

住房和城乡建设部:组织编制和实施城乡规划,拟订城乡规划的政策和规章制度,会同有关部门组织编制全国城镇体系规划,负责国务院交办的城市总体规划、省域城镇体系规划的审查报批和监督实施;指导城市地铁、轨道交通的规划和建设。

二、综合协调机制不完善,统筹运行不顺畅

当前,中央层面交通运输管理"一部三局"格局已形成,但综合交通运输发展协调机制尚未健全,使得综合交通运输体系的管理效果未完全发挥到位。

在综合交通管理协调机制方面,在部级层面涉及综合交通运输相关事项的部门有交通运输部、国家发改委、财政部、自然资源部、住建部等有关部门,日常工作中涉及综合交通运输发展的有关重大事项,多是通过有关部领导带队到上述相关部门进行沟通协商,多是"一事一议",缺乏系统性、常态化的协调工作机制,不利于推动综合交通运输发展;部与部管国家局间,尚未建立部内工作例会制度,日常工作中各部管国家局相关工作相对独立,各成体系,在行业统筹、信息共享等方面的沟通效率低。

在综合交通规划协调机制方面,交通虽然是空间类规划的核心内容,对城镇的空间塑造与基本布局有重大影响,但交通规划在空间规划和社会经济规划中作用不突出,往往是作为国土或城乡总体规划的专项"嵌入"其中,忽略了对空间重构和社会经济引领作用。当前,交通运输管理大部门体制初步形成,综合交通规划要统筹行业内各方式,既要协调国土、发改、环保等相关部门,还要处理好中央和地方及区域发展的关系。但实际中,交通规划面临着城市内外、城市与城市群、中央和地方之间不协调的问题;在行业内,综合交通规划指导地位不突出,编制主体、程序等仍不明确,综合交通、枢纽和站场等规划的法律保障制度缺失。

在综合交通财务管理协调机制方面,当前综合运输体系建设涉

及的财务管理职责并未划入交通运输部，在管理体制上交通运输部、国家铁路局、中国民用航空局、国家邮政局分别下设有财务管理内设部门，对应履行公路水路、铁路、民航、邮政等4个领域的财务管理工作；在预算管理上，交通运输部和3个国家局都属于中央财政一级预算单位，独立编制单位预算，负责本部门财政资金的使用和监管，仍没有纳入交通运输部的部门预算中，从财政角度没有实现综合交通财务统筹协调管理。

大部制改革后，各有关部管国家局的职责分工情况详见专栏3-2。

专栏3-2　部管国家局职责分工情况

国家铁路局：起草铁路监督管理的法律法规、规章草案，参与研究铁路发展规划、政策和体制改革工作，组织拟订铁路技术标准并监督实施；负责铁路安全生产监督管理，制定铁路运输安全、工程质量安全和设备质量安全监督管理办法并组织实施，组织实施依法设定的行政许可。组织或参与铁路生产安全事故调查处理；负责拟订规范铁路运输和工程建设市场秩序政策措施并组织实施，监督铁路运输服务质量和铁路企业承担国家规定的公益性运输任务情况；负责组织监测分析铁路运行情况，开展铁路行业统计工作；负责开展铁路的政府间有关国际交流与合作。

国家民航局：提出民航行业发展战略和中长期规划、与综合运输体系相关的专项规划建议，按规定拟订民航有关规划和年度计划并组织实施和监督检查；起草相关法律法规草案、规章草案、政策和标准，推进民航行业体制改革工作。承担民航飞行安全和地面安全监管责任；负责民用航空器运营人、航空人员训练机构、民用航空产品及维修单位的审定和监督检查，负责危险品航空运输监管、民用航空器国籍登记和运行评审工作,负责机场飞行程序和运行最低标准监督管理工作,承担民航航空人员资格和民用航空卫生监督管理工作;负责民航空中交通管理工作;编制民航空域规划,负责民航航路的建设和管理,负责民航通信导航监视、航行情报、航空气象的监督管理。承担民航空防安全监管责任;负责民航安全保卫的监督管理,承担处置劫机、炸机及其他非法干扰民航事件相关工作,负责民航安全检查、机场公安及消防救援的监督管理。拟订民用航空器事故及事故征候标准,按规定调查处理民用航空器事故;组织协调民航突发事件应急处置,组织协调重大航空运输和通用航空任务,承担国防动员有关工作。负责民航机场建设和安全运行的监督管理;负责民用机场的场址、总体规划、工程设计审批和使用许可管理工作,承担民用机场的环境保护、土地使用、净空保护有关管理工作,负责民航专业工程质量的监督管理。承担航空运输和通用航空市场监管责任;监督检查民航运输服务标准及质量,维护航空消费者权益,负责航空运输和通用航空活动有关许可管理工作。拟订民航行业价格、收费政策并监督实施,提出民航行业财税等政策建议;按规定权限负责民航建设项目的投资和管理,审核(审批)购租民用航空器的申请;监测民航行业经济效益和运行情况,负责民航行业统计工作。

国家邮政局:拟订邮政行业的发展战略、规划、政策和标准,提出深化邮政体制改革和促进邮政与交通运输统筹发展的政策建议,起草邮政行业法律法规和部门规章草案。承担邮政监管责任,推动建立覆盖城乡的邮政普遍服务体系,推进建立和完善普遍服务和特殊服务保障机制,提出邮政行业服务价格政策和基本邮政业务价格建议,并监督执行。负责快递等邮政业务的市场准入,维护信件寄递业务专营权,依法监管邮政市场。负责监督检查机要通信工作,保障机要通信安全。负责邮政行业安全生产监管,负责邮政行业运行安全的监测、预警和应急管理,保障邮政通信与信息安全。负责邮政行业统计、经济运行分析及信息服务,依法监督邮政行业服务质量。负责纪念邮票的选题和图案审查,负责审定纪念邮票和特种邮票年度计划。垂直管理各省(自治区、直辖市)邮政管理局。

三、相关配套制度不到位,缺少统筹的抓手

推进交通运输大部制改革,部分配套措施不同步不到位,缺少相关政策法规文件明确,导致深化综合交通运输改革缺乏有力抓手。

在综合交通标准规范和市场制度方面,目前交通运输部仅负责组织拟订公路、水路、民航行业标准并监督实施,国家铁路局负责组织拟订铁路技术标准并监督实施,交通运输部没有统筹综合交通运输体系建设相关标准的拟定并监督实施的职责;交通运输部仅负责组织制定道路、水路运输有关政策、准入制度、技术标准和运营规范并监督实施,没有统筹综合交通运输体系建设涉及的铁路、民航运输有关政策、准入制度、技术标准和运营规范的制定并监督实施的职责。

在综合交通税费政策方面,交通运输部仅负责拟订公路、水路有关规费政策并监督实施,提出有关财政、土地、价格等政策建议;国家铁路局、国家民航局、国家邮政局分别负责提出铁路、民航、邮政有关规费政策、有关财政、土地、价格等政策建议,并直接与国家发改委和财政部对接;交通运输部没有统筹综合交通运输体系建设涉及规费政策、有关财政、土地、价格等政策的建议权限,容易造成子部门间攀比,不利于综合运输体系建设。

在综合交通法律法规方面,交通运输部对综合交通运输,尤其是对铁路、民航、邮政的行业主管部门地位不明确,综合交通运输管理协调制度框架缺少整体设计。例如,《综合运输促进法》作为统筹协

调综合运输的纲领性立法,迟迟未出台;综合交通运输产业发展基金的设立也未取得实质性进展。

在地方,目前基于各种运输方式的内在属性而构建的民航、邮政、铁路等垂直管理体制,使得地方综合运输管理体制还处于职能分割格局。大多数省份尚未建立起由交通运输主管部门统筹管理公路、水路、铁路、民航、邮政的综合管理体制,且各管理部门间缺乏有效的制度协调衔接机制,使得地方在综合交通运输管理体制改革中还存在以下突出问题:

一是省内缺乏综合交通运输体系建设统一协调推进机构。由于缺少相对统一的综合交通运输建设管理协调机构,相关部门在综合交通运输体系建设上,实际大多都是从单一运输方式的角度来探讨行业内部客运、货运结构以及运输资源配置等表层性问题,没有从协同发展、协调管理和协作运输的角度出发,对各种运输方式进行全面的思考和系统的规划,使得综合运输体系建设推进缓慢。

二是铁路、民航、邮政、海事、救助、打捞等涉地机构多,省内缺乏统一协调部门。如湖北省涉及交通管理职能的中央垂直管理单位就有武汉铁路监督管理局、民航湖北安全监督管理局、民航湖北空管分局、湖北省邮政管理局、长江航务管理局、长江海事局等多家单位;涉及综合交通运输管理的部门为湖北省交通运输厅和湖北省发展和改革委员会。

三是各省综合交通运输改革步伐不同,造成了横向沟通的困难。各省在综合交通运输改革中尚处于探索阶段,有的省走得靠前一些,设立了综合交通运输管理机构,理顺了职责分工;但有的省份仍在观望中,在综合交通运输改革方面还无实质性措施;中央尚未形成统一的要求和指导意见,各地综合交通运输体制改革存在进度不一,步调不同的情况。这就使得改革靠前的省份在推进铁路、民航发展过程与周边省市沟通协调,时常遇到部门不同、职责不同、权限不同的问题,无形中增加了沟通成本和难度,不利于推进区域性综合交通运输体系建设。

总体来讲,地方交通运输形成了“垂直管理模式”“块块管理模式”“条块并行管理模式”并存的局面,政出多门、条块分割,既有职能交叉、也有职能缺位,不利于综合交通运输体系建设,也与国务院要求的“一件事情原则上由一个部门负责”的机构改革原则不相适应。

第二节　转变政府职能提升治理方面

改革开放以来,我国交通运输经历了跨越式发展,取得了举世瞩目的成就。总体上,我国探索形成的交通运输治理体系是适合国情和行业特点的,交通运输治理能力有效地服务和保障了交通运输事业发展。但在进一步深化政府职能转变,完善治理体系和提升治理能力上,还存在一些不容忽视的问题。

一、综合立体治理体系尚未形成

突出表现为交通事权划分待细化,社会治理基础薄弱,现代化市场体系培育和发展不够,市场机制不健全,整体尚未形成政府、社会与市场治理共建、共治、共享的立体综合治理体系。

一是在政府治理上,交通运输事权划分有待细化,在国家层面交通运输事权划分不尽合理,公共财政保障体系不完善,大部门制有待进一步理顺,综合运输体系建设仍面临一些体制机制障碍;在地方,交通运输部门还存在事权分散和过度下放现象。

二是在社会治理上,行业协会的定位和职责不明确,过分依赖行业管理部门,应有的自我管理、自我监督、依法自治作用未能发挥。政府主动向社会组织购买服务不够,有效调动公民与社会各方面积极参与交通运输治理不够,行业宣传工作的主动性、针对性和时效性也不强。

三是在市场治理上，存在的突出问题是重审批轻监管，重行政监管、轻经济和市场的治理手段，事中事后监管薄弱，行业多样化、市场化、整体性治理手段缺乏，尚未构建成以信用为基础的新型交通运输市场监管机制。

二、边界清晰职责体系尚未理顺

突出表现为政府与社会、市场职责边界不清晰，职责界定不合理，不同程度地存在缺位、越位、错位情况。

一是在政府职责上，应着重理顺与社会与市场的关系，解决好缺位、越位、错位情况，职能更多地向宏观调控、市场监管、公共服务、社会管理、保护环境等方面集中和转变。比如，在监管方面，过度依赖行政手段，忽视市场作用和经济手段，行政审批多、经济手段运用少，政府职能转变、简政放权仍然不到位；在公共服务方面，交通基础设施和运输服务的区域和城乡差别明显，行业资源开放共享和应用程度不高，与社会公共资源的整合兼容不够；在依法行政方面，存在多头执法、交叉执法、乱收费乱罚款等现象时有发生；在发展资金保障和债务风险防控上，交通运输行业债务负担过重，还债压力持续加大；交通运输权力运行机制不完善，民主决策制度和监督机制不健全。

二是在市场作用上，发挥市场对交通运输资源配置的决定性作用还不够。比如，在破解交通发展资金难题、提高运输服务效率、丰富公共产品供给等方面，市场机制配置资源的作用发挥还不够，需要积极探索推广 PPP、特许经营等市场化融资和经营管理模式；在深化交通运输价格形成机制改革上，需进一步缩减政府定价范围、扩大市场定价范围，凡是能由市场形成价格的都交给市场，政府不进行不当干预；要进一步扩大开放交通运输市场，引导良性市场竞争，综合运用如财政、税收、金融等经济市场化手段，奖优罚劣，淘汰落后生产者,使有限的资源向效率高的生产者集中,促进集约发展、转型升级。

三、现代化的治理方式亟待转变

治理理念和治理方式对行业发展方向和发展质量具有重要影响,迫切需要适应新时代要求,革新治理理念,创新治理方式。

一是在治理理念上,交通运输领域存在的突出问题是重规模轻效率,行业粗放式增长和管理问题突出。比如,受多种因素影响,长期以来存在片面追求路网规模总量和建设速度的倾向,一定程度上导致了交通基础设施布局不够合理、结构不优、衔接不畅的问题,土地、岸线、空域等资源利用效率总体偏低。

二是在治理路径上,交通运输领域存在的突出问题是重政府主导、轻市场治理,行业发展内生动力不足。比如,长期以来,政府出于政绩考核的需要,往往主导交通运输资源配置、巨额投资、大量财政补贴,忽视市场治理规则及其执行手段,使市场主体经常处于被动、从属的地位,难以充分发挥活力。

三是在治理方式上,交通运输领域存在的突出问题是管理方式难以适应行业新业态快速发展。比如,"专车"进军约租车市场,正在改变传统运输服务体系,未来互联网+资源共享、跨界服务融合的交通运输新业态正在形成,直接倒逼行业管理服务方式创新。

四、现代化的治理能力亟待提高

制度执行力与治理能力已成为制约我国交通运输优势充分发挥、事业顺利发展的重要因素。当前,主要表现为行业依法行政、监管服务能力不足,滞后于行业发展。

基础设施建设运营市场方面,主要是建设项目管理专业化程度不高,围标串标、设计非法变更等问题突出;运营市场监管不到位,产权不明晰,特许经营不规范。比如,经营性高速公路特许经营项目实施方案不完善、合同不规范,对公路资产的剩余支配权不清晰、监管不力，服务质量、收费运营成本和收益信息不透明。交通基础设施建设面临的外部环境约束日益严格，相关生态环保问题涉及资源、林业、环保、水利等多部门管理，跨部门沟通协调难度大。

非基础设施类公用事业市场，主要是政府和市场的关系没有完全理顺，基本公共服务边界不清。比如，城市公交、公路水路客运市场，准入管制多，开放程度低，过分依赖财政补贴等政策工具，基本公共服务供给不足和不可持续问题并存。交通生态环境保护缺乏强制标准和稳定资金。

运输服务市场，主要是进入门槛低，市场秩序混乱，行业组织化集约化程度低。比如，道路货运、汽车维修市场，因主体分散、过度竞争。

以上这些问题，不仅影响行业的可持续发展，也成为提升行业治理能力面临的突出难题。

第三节　深化改革创新提升服务方面

改革创新是发展的不竭动力，通过制度创新、管理创新和技术创新为新时代交通运输不断提升服务注入活力。当前，随着综合交通进一步融合发展，随着新业态、新模式的不断涌现，交通运输在深化改革创新适应新要求不断提升服务方面还存在一些短板。

一、推动综合运输融合衔接有待加强

一是多规合一的编制有待加强衔接。由于综合交通规划和国民经济和社会发展规划、城乡规划、土地利用规划、环境保护、文物保护、林地与耕地保护、文化与生态旅游资源等分属于不同的部门规划，虽然在规划编制的过程中有相关协调机制，但是在实际操作的过程中，存在衔接不畅的问题，使得保护性空间、开发边界、城市规模等

重要空间参数存在不一致等情况,不利于优化空间布局、有效配置土地资源。因此,需要进一步完善部门间的多规合一工作机制,更应该推动有效的实施监管机制。

二是重要通道建设规划衔接不畅。现有综合交通规划一般是各种运输方式规划的拼盘,对于复合通道的规划不系统,导致通常仅凭相关部门和某一行业内专家主观判断以“协商”的方式决定项目是否采用复合通道形式,及通道类型、规模。由于综合运输体制改革尚未实质性的完成,综合运输通道在建设的过程中缺少规范的工作机制,导致建设缺少统筹考虑,通道线位的预留,合理的线位距离等协调工作推进无门,没有正常合理的沟通渠道,从而导致综合运输通道有形无实,特别是对于公铁两用桥梁、两用隧道等的建设问题尤为突出。比如:目前多数跨江跨海桥梁都是单一的公路桥梁或铁路桥梁,公铁两用桥梁还相对较少,如长江从上海至宜宾江段共86座长江大桥(不含长江隧道),其中只有7座是公铁两用桥梁。

三是综合交通枢纽建设规划衔接不畅。规划设计上不足,部分地方公路、铁路、港口、机场各自规划布局,在功能设计上趋于单纯考虑自身的重要性,而忽视其他运输方式,从而导致枢纽站场使用功能上的片面化。即使是综合交通枢纽的建设,由于体制等方面的障碍,在规划设计以及建设的过程中,存在协调难、沟通难的问题,导致部分综合交通枢纽建成后换乘不便,影响了枢纽运行的效率。制度保障不到位,与综合交通枢纽相匹配的各类法规、技术标准和服务规范体系不完善,甚至缺位较多,存在综合交通枢纽服务标准不统一、建设标准不一致等问题。枢纽投融资体制仍需进一步改革,在客运枢纽建设方面,客运场站社会公益特征明显,建设投资大、回报率较低,社会投资人积极性不高,配套资金筹措困难,现有投融资体制过于单一。在物流园区建设方面:物流园区建设尚处于起步阶段,建设成本较高,大多数物流园区建设用地通过“招拍挂”

方式得到，征地费用较高；项目投资回收期较长、利润较低，且缺乏政府引导资金，企业投资物流园区积极性不高，项目建设推进缓慢。

二、创新模式提升监管服务有待提升

一是部分地方行政审批改革不到位。部分地方的政府部门存在较强的管制观念和一定的权力本位思想，重审批轻服务、重控制轻协调，在当前推进的行政审批制度改革中，对审批权限放明不放暗、放虚不放实、放小不放大、放弊不放利不同程度存在；管理方式上，还存在行政审批过多、时限过长、内容设置不合理等问题。如某省港口建设项目前期审批涉及国家、省共10余个部门、30余项流程，审批周期长、程序复杂；某省有航运企业反映水运行业要求办证过多，内河普通散货船需要办理的各类船舶证书达29种之多，其营运资格还需长江航务管理局审批。

二是深化市场化程度有待进一步提高。基础设施建设市场领域方面，交通建设管理还存在项目管理体系职责不清晰，项目管理专业化程度不高等问题；建设市场施工招投标问题反应比较强烈，主要体现在：过度竞争和竞争不足的现象并存；项目业主暗箱操作和项目业主合理权益得不到保障的现象并存；监管缺乏手段和过度行政干预的现象并存。另外建设监理市场存在监理职能定位不清、责权不匹配、从业人员流动率过高归属感不强；试验检测市场检测机构分类未厘清、定位不明晰，综合能力较弱，社会公信力有待提高。

交通运输市场领域方面，公路客运市场和水运行业准入管制过多，市场开放度较低，导致市场垄断经营严重；客运市场结构僵化，退出机制名存实亡；货运市场恶性竞争严重，发展的质量效益不高。交通运输市场发展总体处于市场资源配置不优化、行业信用程度不高、地区发展不均衡的初级阶段。

三是行业信用体系建设亟须加强。随着社会信用体系建设向纵深发展,亟须加强交通运输信用体系建设顶层设计,加快形成政府、市场、社会三方共治的信用格局,完善信用标准体系,构建以信用为基础的新型交通运输市场监管机制。当前,交通信用信息散落在行业的各个领域,信用信息归集共享有待加强;信用记录尚未建立,重点领域信用评价尚未全面开展,信用产品应用较少;在网约车无照经营、无证上岗、线上登记与实际车辆不符,共享单车乱象,以及传统的公路超限超载、危化品违规运输、工程建设违法违规等行业严重失信问题依然存在,交通运输重点领域的失信行为治理工作仍然艰巨。

三、完善机制提升运输效率有待提高

一是联运工作机制尚不健全。长期以来,各种运输方式和运输枢纽分散、独立发展,虽然国家层面已将民航、邮政、铁路纳入交通管理,但省级层面实际上难以对其实施有效监管。目前,省交通运输主管部门对铁路行业情况基本不掌握,民航、邮政也更多是形式上的融合。特别是涉及铁路部门的沟通协调,没有专设机构,导致旅客联程运输以及货物多式联运发展迟缓。

二是各种运输方式协调发展秩序不规范。目前,多种运输方式之间存在规划编制脱节、资源利用不足、竞争手段单一、发展空间模糊等问题,各种运输方式市场定位不准确,发展方向不明确,“价格战”成为相互竞争的主要手段,市场竞争秩序不规范,甚至出现恶性竞争、畸形发展现象。比如个别民航线路推出的“1 元机票”、高铁车票分时打折、道路客运部分线路停运等。运输业务的协调,缺乏协作平台、协调动力,条块分割、运输衔接不紧密、资源利用不充分、信息传输不通畅等问题比较突出,集约化、一体化、联运化的优势难以发挥。

三是联运技术标准缺失。旅客联程运输方面:由于各种运输方式的售票信息系统标准不一,服务标准不一,无法全面对接,尚无法实现联运票的一次出票，一票到底以及行包的独立托运；联运客票的样式尚不统一、联运客票的售票、检票环节仍存较大问题；客票退票、变更、签转规则上存在缺失。

目前，尚未有关于多式联运的专项法律法规，仅在《中华人民共和国合同法》和《中华人民共和国海商法》等法律中的部分章节对多式联运有一些零散规定，如专栏 3-3 和 3-4 所示。

专栏 3-3　《中华人民共和国合同法》
关于多式联运的有关规定

第十七章　运输合同（第四节　多式联运合同）

第三百一十七条　多式联运经营人负责履行或者组织履行多式联运合同，对全程运输享有承运人的权利，承担承运人的义务。

第三百一十八条　多式联运经营人可以与参加多式联运的各区段承运人就多式联运合同的各区段运输约定相互之间的责任，但该约定不影响多式联运经营人对全程运输承担的义务。

第三百一十九条　多式联运经营人收到托运人交付的货物时，应当签发多式联运单据。按照托运人的要求，多式联运单据可以是可转让单据，也可以是不可转让单据。

第三百二十条　因托运人托运货物时的过错造成多式联运经营人损失的，即使托运人已经转让多式联运单据，托运人仍然应当承担损害赔偿责任。

第三百二十一条　货物的毁损、灭失发生于多式联运的某一运输区段的，多式联运经营人的赔偿责任和责任限额，适用调整该区段运输方式的有关法律规定。货物毁损、灭失发生的运输区段不能确定的，依照本章规定承担损害赔偿责任。

专栏3-4 《中华人民共和国海商法》关于多式联运的有关规定

第四章 海上货物运输合同(第八节 多式联运合同的特别规定)

第一百零二条 本法所称多式联运合同,是指多式联运经营人以两种以上的不同运输方式,其中一种是海上运输方式,负责将货物从接收地运至目的地交付收货人,并收取全程运费的合同。

前款所称多式联运经营人,是指本人或者委托他人以本人名义与托运人订立多式联运合同的人。

第一百零三条 多式联运经营人对多式联运货物的责任期间,自接收货物时起至交付货物时止。

第一百零四条 多式联运经营人负责履行或者组织履行多式联运合同,并对全程运输负责。

多式联运经营人与参加多式联运的各区段承运人,可以就多式联运合同的各区段运输,另以合同约定相互之间的责任。但是,此项合同不得影响多式联运经营人对全程运输所承担的责任。

第一百零五条 货物的灭失或者损坏发生于多式联运的某一运输区段的,多式联运经营人的赔偿责任和责任限额,适用调整该区段运输方式的有关法律规定。

第一百零六条 货物的灭失或者损坏发生的运输区段不能确定的,多式联运经营人应当依照本章关于承运人赔偿责任和责任限额的规定负赔偿责任。

第四节 完善制度优化政策环境方面

总体上,经过长期时间探索形成的交通运输政策制度体系是适合行业发展阶段和特点的,有效地支撑和保障了交通运输事业发展。但随着时代和形势的变化,也要客观看到在法规体系建设、政策优化完善和保障能力建设等方面,还存在一些短板或突出问题。

一、完善综合交通法规体系有待加强

客观地讲,我国综合运输法律法规体系建设尚处于起步阶段。长期以来,特别是大部制改革前,由于不同运输方式的主管部门不同,形成了以单一运输方式为主的相对独立的法律法规体系,这些法律法规在促进各种运输方式快速发展的同时,也带来了不同运输方式立法之间发展的不平衡,以及立法内容等方面的相互割裂,在一定程度上阻碍了综合交通运输发展。具体来讲,我国综合交通运输法律法规体系建设还存在以下几方面的问题:

(一)部分法律法规亟待修订调整

法律法规都是在某一特定阶段下制定的,有其适用的经济社会环境。在现行的法律法规中,仍然保留着在一些在计划经济时期或由计划经济向市场经济转变时期起草、制定的法规、规章,已不能适应社会主义市场经济发展的需要,亟待修改或废止。如随着铁路运输的迅猛发展,铁路线路接轨管理制度、列车运行图编制制度、铁路设备的准入制度、铁路运输经营管理的一些具体制度等,已不再适应新的形势要求。再例如,快递业发展打破《中华人民共和国邮政法》所规定的邮政信件专营制度,而《中华人民共和国邮政法》只规

定了邮政企业提供普遍服务的义务,未对其他主体提供普遍服务作出相应制度安排。如《中华人民共和国海上交通安全法》《中华人民共和国道路运输条例》《内河交通安全管理条例》中的部分条文已滞后于社会经济发展的需要,应尽快修订以更好地适应经济社会发展。在多式联运业务、在线共享出行或快递物流领域出现的一些新服务、新业态及产业融合,还存在着管理上无法可依、无章可循的状况。

(二)部分领域缺乏高等级法律规范

我国交通运输立法是伴随着交通运输业的发展而不断推进的,在许多领域,对于交通运输活动具有直接操作性的法律规范大多集中在国务院管理部门和地方制定的规章、地方性法规上,缺少效力等级高的法律。如在道路交通运输领域中,只有《中华人民共和国道路运输条例》,缺少基本法律《中华人民共和国道路运输法》;在水路交通运输领域中,缺少基本法律《中华人民共和国船舶法》;在城市公共交通领域,缺少《中华人民共和国城市公共交通法》;在铁路运输领域,长期以来许多制度主要是由行政规范性文件建立的,甚至由企业内部文件建立,比如规范铁路机车运行管理以及危险货物运输等的规则是作为企业内部管理文件;城市出租车管理的最上位法一直是部门规章,与其发展现状、重要性不符;在快递业,随着网络电商的快速发展,快递业也成为我国货运运输行业的重要组成部分,但其监管规范同样是以部门规章及部门规范性文件为主,法律规范位阶偏低。交通大部制也已经从形式上改变了过去分行业部门的交通管理体制,但交通运输法治建设还落后于依法治国的要求,未能实现从主要依靠行政命令和政府文件向依法行政转变。

（三）法律法规间的协调性不够

在大部制改革之前，除了短暂的历史时期以外，我国交通运输业长期实行分部门管理：原交通部主管水路运输和公路运输，原建设部负责指导城市客运，原民航总局负责航空运输，国家邮政局管理邮政行业。由于各种运输方式长期分别隶属于不同的主管部门，各部门大多都从自身的角度制定法律和发布相关规章，从而造成多头分散的碎片化局面，以至于在交通运输法规体系中存在上位法与下位法衔接不好、标准不统一、配套制度少、有空白地带等特点。此外，长期以来，立法机关较为重视调整各种运输方式内部关系的法律和行政法规的制定，忽视了调整不同运输方式之间关系的法律制度的构建。如危险货物水路运输方面已有关于危险货物港口作业、船舶载运方面的规章，但缺乏一个综合性规定，衔接危险货物水路运输各个环节之间的相互关系，规范和加强危险货物水路运输各个环节的安全监管。

（四）综合交通运输立法亟待补充

综合交通运输体系建设是一项复杂的系统工程，其关键在于畅通多种运输方式之间的衔接、统一标准、合理布局、促进整体优势和组合效率的充分发挥。现行国家层面立法主要是各种运输方式内部建立起的法规子体系，从单一运输组织层面进行调整与规范，不同运输方式之间尚未实现融合，体系内部的龙头法律基本不涉及与其他运输方式的衔接问题，跨运输方式的法规体系亦尚未建立，导致现行各法规子体系不能满足综合交通运输发展需要。纲领性立法的缺失，造成实际中推进综合交通运输发展的工作困难冲刺，例如，在规划方面难以从综合交通运输的角度进行统一；在政策、标准等方面没有通过统筹考虑；在管理体制、机制方面也缺乏明确的法律依据，各省建立的综合交通运输协调机制的权威性大打折扣。随着综合交通运输体系的发展,下一步,现行铁路、公路、水运、民航等法律法规需要予以修订调整,各种运输方式配套相关法规亟待完善,综合交通运输枢纽等关键领域法律制度亟待建立。

二、优化交通政策制度需要与时俱进

历年来出台的大量行业管理政策,对于促进交通运输行业发展起到了重要的推动作用。但面对新时代交通强国建设的新要求,现有政策体系还存在不适应之处,以下几方面问题仍有较大完善和提升的空间:

(一)有待进一步优化政策组合

由于缺乏完善的政策体系框架指导,各部门制定的政策散落分布,政策结构不尽合理,政策系统性、协调性不强,不能适应顶层设计的要求,难以有效发挥政策的组合效应。从政策实现的政府职能分类维度来看,目前公共产品管理类政策占比较少,而规制市场秩序类政策、引导支持行业发展类政策占比过高,政府承担了大量市场规制、引导的职能,一方面导致行政资源投入大、政府负担过重,另一方面也对市场造成一些不必要的干扰。与此同时,政府关于公共产品管理的职能发挥不足。从政策时效、政策重要程度分类维度来看,每一类政策中持续性政策、灵敏性政策、应急性政策,以及元政策、基本政策、具体政策的结构缺乏统筹设计,层次性、指导性、持续性不强。

(二)有待进一步完善政策内容

公共产品管理类政策方面,对于政府负有提供责任的(准)公共产品的范围、提供方式、提供标准,以及各方主体责任进行明确规定的政策较为缺乏。规制市场秩序类政策方面,发挥市场对交通运输资源配置的决定性作用还不够。比如,在破解交通发展资金难题、提高运输服务效率、丰富公共产品供给等方面,市场机制配置资源的作用发挥还不够,需要积极探索推广 PPP、特许经营等市场化融资和经营管理模式;在深化交通运输价格形成机制改革上,需进一步缩减政府定价范围、扩大市场定价范围,凡是能由市场形成价格的都交给市场,政府不进行不当干预;要进一步扩大开放交通运输市场,引导良性市场竞争,综合运用如财政、税收、金融等经济市场化手段,奖优罚劣,淘汰落后生产者,使有限的资源向效率高的生产者集中,促进集约发展、转型升级。引导行业优化升级类政策方面,质量有待进一步提升。难以适应行业新业态快速发展,管理政策需要创新,比如,"专车"进军约租车市场,正在改变传统运输服务体系,未来互联网 + 资源共享、跨界服务融合的交通运输新业态正在形成,直接倒逼行业管理服务方式创新。部分资金补助政策出台较为仓促,对市场影响的研究不足,补助方向有待商榷、补助手段不尽合理,导致出台后对市场正常秩序造成较大干扰;使用价格杠杆提高交通基础设施使用效率、促进多式联运的政策较为缺乏。

(三)有待进一步提高政策实施

制度执行力与治理能力已成为制约我国交通运输优势充分发挥、事业顺利发展的重要因素。当前,主要表现为:监管过度依赖行政手段,忽视市场作用和经济手段,行政审批多、经济手段运用少,政府职能转变、简政放权仍然不到位;行业依法行政、监管服务能力不足,存在多头执法、交叉执法、乱收费乱罚款等现象时有发生,滞后于行业发展;政府和市场的关系没有完全理顺,基本公共服务边界不清,比如,城市公交、公路水路客运市场,准入管制多,开放程度低,过分依赖财政补贴等政策工具,基本公共服务供给不足和不可持续问题并存;运营市场监管不到位,产权不明晰,特许经营不规范,进入门槛低,市场秩序混乱,行业组织化集约化程度低;交通基础设施建设面临的外部环境约束日益严格,相关生态环保问题涉及资源、林业、环保、水利等多部门管理,跨部门沟通协调难度大,交通生态环境保护缺乏强制标准和稳定资金。

三、夯实交通政策保障体系还需发力

政策保障体系建设方面存在的问题,主要体现在推进现代化综合交通运输业发展的资金保障上不到位,行业发展财税政策、市场准入、价格等经济监管政策不协调,行业标准规范体系建设待完善等方面。

(一)缺乏综合交通发展资金保障机制

目前,中央层面,铁路有铁路发展基金,民航有民航发展基金,公路水路交通有车辆购置税、港口建设费、成品油消费税,邮政也在探索设立邮政普遍服务基金。公路水路、铁路、民航、邮政的发展资金均由不同的主管部门管理,即交通运输部、铁路总公司、国家民航局、国家邮政局,各类专项资金专款专用,相互之间无交叉统筹使用机制,各类资金统筹安排难度大,不利于统筹加大对综合交通运输发展相对薄弱环节的投入力度,难以协调各种运输方式发展。此外,在国家层面,对于多式联运的发展尚无资金支持政策,也未出台优惠政策支持等。地方层面也主要是针对单一运输方式出台相关资金保障政策,没有从促进综合交通运输发展的角度出台资金保障政策。总体而言,目前我国对鼓励、促进综合交通运输发展方面尚缺乏完善的资金政策支持。

(二)交通运输经济监管政策有待统筹

目前,虽然在国家层面实现了综合交通管理架构,但对综合交通运输发展,如交通基础设施建设、运输市场化、运输一体化、运输可持续发展等方面尚缺乏统筹政策,公路水路以及铁路、民航、邮政财税政策、市场准入、价格等经济监管政策制定缺乏有效统筹,不利于实现行业资源最优配置、促进各种运输方式协同发展。比如,当前各种运输方式市场准入监管政策制定分散在交通运输部以及铁路、民航和邮政等各个管理部门，价格监管政策制定权限在发改委系统，财税政策制定权限在财税系统，交通部门对铁路、民航、邮政市场准入政策、价格监管政策和财税政策制定缺乏有效统筹。这种模式，容易使得公路水路、铁路、民航、邮政各子行业均从自身利益最大化的角度提出相关经济监管、财税政策建议，而对综合运输效率效益的提高往往关注不够，往往因部门利益冲突引起财税政策、经济监管政策扭曲，在实际中存在低价恶性竞争、子行业间相互攀比，未能做到“宜路则路、宜水则水、宜空则空”各种运输方式各展所长、优势互补、协调均衡发展，见专栏3-5。

专栏3-5 经济监管政策、财税政策缺乏有效统筹

价格激烈竞争。随着各地高铁的陆续开通，以其方便、快捷、安全、经济等优势吸引了同线路民航和公路客运的客流，民航和公路客运为吸引客流，纷纷采取降价、打折等策略，特别是民航与高铁之间的恶性竞争愈演愈烈。2009年3月，春秋航空在与上海—郑州之间的动车组较量了17个月后关闭了该航线；2010年2月，郑西高铁运营仅48天后两地间所有航班全部停飞；2011年6月，京沪高铁开通的半个月内，相关航线的旅客承运量及票价均下降15%～40%；截至2013年底，由于高铁的冲击，民航已有十几条航线停飞，局部区域已逐渐呈现“航线凹地”现象。为应对竞争，民航方面采取了机票打折和频开“空中快线”的策略吸引旅客，武广、京沪、哈大、津沪等几十条航线的票价取消了打折下限，民航的低价回应也使部分高铁线路亏损运营。高铁客票定价机制不完善，长期以

来没有浮动或浮动很小,而民航机票价格由多家航空公司根据市场情况实施变化,价格机制相对灵活。这也是导致在高铁开通以来经常出现“开通一条亏损一条”的原因之一。目前,高铁运营收入较好的线路主要集中在以京沪为代表的中东部发达地区,西部部分线路仍处于亏损状态。事实表明,高铁、民航、公路客运的竞争态势已经拉开,且主要表现为价格竞争,若不加以正确引导,相互之间合理竞争将持续并加剧。

在财税政策方面:以本次“营改增”为例,财政部在制定公路水路、铁路、民航、邮政等“营改增”相关政策时,分别对接交通运输部、铁路局、民航局、邮政局,铁路局、民航局、邮政局享有直接向财政部提出财税政策建议的权利,交通运输部对各种运输方式财税政策制定缺乏有效统筹。

(三)有待完善交通运输标准规范体系

当前,交通运输标准规范体系建设还存在不够健全,技术水平不优,标准供给不到位,标准化工作活力不足,先进科技成果转化为标准周期过长,标准国际化缺乏系统布局等问题。

交通标准体系供给不到位。《交通运输标准化体系》中明确的交通运输技术标准共计 6489 项标准,截至 2018 年底,其中现行有效的标准为 3834 项,约占体系中标准总数的 59%。现行有效标准中大多为工程建设、产品服务方面的标准,而安全、绿色、环保、智能化等专业领域的标准缺失较多。此外,标准的内容交叉,标准间协调性不够,有的产品标准游离于工程标准之外,部分产品标准难以满足工程需要,也影响了标准技术水平提高。

标准水平与转化有待提高。标准是否采标是衡量标准技术水平高低的尺度之一,公路、水运产品与服务方面的国家标准采标率仅略高于10%，行业标准采标率则更低。未采标的标准，如果有国际标准或国外先进标准，将我国关键标准与国际标准或国外先进标准进行技术内容的比对，也发现我国交通运输标准技术水平落后于国际水平。交通运输部也出台了若干文件，积极探索建立科技成果转化为标准机制和标准实施监督机制。但是目前交通运输先进科技成果转化为标准的周期较长，阻碍了标准技术水平的提高，限制了科技创新成果的推广应用。同时，交通运输标准制定速度慢、标准修订不及时等问题，也影响了行业技术的快速创新发展。

标准实施与监督力度不强。标准制修订只是标准化工作的环节之一，标准只有被广泛应用才真正体现标准化工作的重要性。尽管近年来在标准的宣贯实施环节加强了管理力度，但是重制定、轻实施的现象还是在相当数量的标准中存在。标准实施监督，可以说是整个标准化活动中最重要的一环。在标准制定结束后，实施成为标准化工作的中心任务，是标准能否取得成效、实现其预定目的的关键。目前工程和产品质量监督的监管保证体系尚未健全，工作机制有待完善。

第四章 交通运输全面深化改革形势与要求

科学研判形势,理清发展需求,方能主动适应新要求,准确把握未来改革方向和重点。新时代,交通强国建设开启了交通运输伟大事业新征程,交通运输全面深化改革承载新的历史使命。进一步全面深化交通运输改革既是贯彻落实党的十九大精神、继续将交通运输改革推向纵深的发展需要,也是破解行业发展制约、为发展注入动力,加快推进交通强国建设的重要抓手和关键举措。

第一节 新时代交通运输全面深化改革有新使命

站在新的历史起点,党的十九大报告明确提出建设社会主义现代化强国的奋斗目标,到21世纪中叶,实现国家治理体系和治理能力现代化。全面贯彻落实党中央、国务院的决策部署,加快推进交通强国建设,推动交通运输高质量发展,需要牢牢把握新形势新要求,增强全面深化改革使命感、责任感。

一、新时代中央对全面深化改革有新要求

党的十八大以来,以习近平同志为核心的党中央高举改革开放旗帜,用全局观念和系统思维谋划改革,着力增强改革系统性、整体性、协同性,全面发力、多点突破、纵深推进,把抓改革落实同落实“四个全面”战略布局、落实新发展理念结合起来,同抓经济发展、社会稳

定、民生改善、党的建设等工作结合起来，重要领域和关键环节改革取得突破性进展，主要领域改革主体框架基本确立。站在新的起点，党的十九大及新成立的中央深化改革委员会对新时代的改革提出了新的、更高要求，必须坚持和完善中国特色社会主义制度，不断推进国家治理体系和治理能力现代化，构建系统完备、科学规范、运行有效的制度体系，充分发挥我国社会主义制度优越性。

（一）全面深化改革要从更高要求着眼

改革是我们进行具有新的历史特点的伟大斗争的重要方面，改革只有进行时、没有完成时。全面深化改革是新一届中央领导集体治国理政"四个全面"战略布局框架的重要组成部分，是经实践反复证明了的中国发展的强大动力，各方面成绩的取得都与全面深化改革有密切关系。党的十九大会议指出，破解我国社会主要矛盾，还必须继续全面深化改革，并将在全国范围内长期坚持并持续推进，以改革激发全面建设社会主义现代化国家的不竭动力，以改革解放生产力、发展生产力，实现伟大的中国梦。将全面深化改革作为新时代坚持和发展中国特色社会主义的 14 条基本方略之一，部署了一大批力度更大、要求更高、举措更实的改革任务，对新时代全面深化交通运输改革提出新的更高要求。比如：在深化供给侧结构性改革方面，要求"把发展经济的着力点放在实体经济上"，强调"培育新增长点、形成新动能"；在深化社会主义市场经济体制改革方面，强调"打破行政性垄断，防止市场垄断，加快要素市场化改革"；在深化机构和行政体制改革方面，要求"转变政府职能，深化简政放权，创新监管方式"等。要求在既往改革基础上，聚焦新时代、新任务，全面开启新一轮改革，推动改革在新的起点上不断实现新突破。

（二）全面深化改革要一张蓝图绘到底

2017 年 8 月 29 日，中央全面深化改革领导小组召开第 38 次会议，指出要坚持一张蓝图绘到底，要继续高举改革旗帜，坚定改革定力，增强改革勇气，总结运用好党的十八大以来形成的改革新经验，坚定不移将改革进行到底，对已经出台的改革举措，要对落实情况进行总体评估，尚未落地或落实效果未达到预期的改革任务，党的十九大之后要继续做实。党的十九大重申，全面深化改革总目标就是完善和发展中国特色社会主义制度、推进国家治理体系和治理能力现代化，《党的十九大报告重要改革举措实施规划（2018—2022年）》梳理了158项改革举措，列明牵头单位、改革起止时间、改革目标路径、成果形式等要素，形成了未来5年全面深化改革的“大施工图”，立下“确保到2022年全面完成党的十九大提出的目标任务”的军令状。

（三）全面深化改革要突出全面和深化

新时代推进改革，强调各领域改革是一个整体，要重视各领域各环节改革相互配套、协调，加强各领域改革的联动和集成，推进改革就必须敢于啃硬骨头、敢于涉险滩。2018年3月，中共中央总书记、国家主席、中央军委主席、中央全面深化改革委员会主任习近平主持召开中央全面深化改革委员会第一次会议强调，深化党和国家机构改革全面启动，标志着全面深化改革进入了一个新阶段，改革将进一步触及深层次利益格局的调整和制度体系的变革，改革的复杂性、敏感性、艰巨性更加突出，要加强和改善党对全面深化改革统筹领导，紧密结合深化机构改革推动改革工作。2018年5月，中央全面深化改革委员会召开第二次会议，强调要更加注重改革的系统性、整体性、协同性，着力补齐重大制度短板，着力抓好改革任务落实，着力巩固拓展改革成果，着力提升人民群众获得感，不断将改革推深做实，推进基础性关键领域改革取得实质性成果。随着全面深化改革的不断深入，矛盾日益凸显，迫切需要从更高层面开启全面深化改革新征程。党的十九大围绕党和国家事业发展新阶段，部署了一批力度更大、要求更高、举措更实的改革任务，绘就了新时代全面深化改革的宏伟蓝图，更对改革工作提出了更高的要求、更大的挑战。面对挑战，必须付出更为艰巨、更为艰苦的努力，接力探索、接续奋斗，要弘扬改革创新精神，推动思想再解放改革再深入工作再抓实，凝聚起全面深化改革的强大力量，在新起点上实现新突破。

（四）全面深化改革要牢牢把握总目标

《关于全面深化改革若干重大问题的决定》指出，全面深化改革总目标是完善和发展中国特色社会主义制度，推进国家治理体系和治理能力现代化。党的十九大明确提出，分2020年、2035年和21世纪中叶三个阶段，推进实现国家治理现代化。国家治理体系和治理能力是一个国家的制度和制度执行能力的集中体现，推进国家治理现代化必须坚持治理体系和治理能力建设两手抓，两者相辅相成，治理体系是治理能力形成的基础，治理能力的提升有赖于完善的治理体系。推进国家治理体系和治理能力现代化，必须完整理解和把握全面深化改革的总目标，这是两句话组成的一个整体，即完善和发展中国特色社会主义制度、推进国家治理体系和治理能力现代化。这两句话，前一句规定了根本方向，后一句规定了根本方向指导下完善和发展中国特色社会主义制度的鲜明指向。推动中国特色社会主义制度更加成熟、更加定型，方能为党和国家事业发展、为人民幸福安康、为社会和谐稳定、为国家长治久安提供一整套更完备、更稳定、更管用的制度体系。同时，制度建设应不断变革与完善以适应国家现代化总进程，提高党科学执政、民主执政、依法执政水平，提高国家机构履职能力，提高人民依法管理国家事务、经济社会文化事务、自身事务的能力，最终实现党、国家、社会各项事务治理的制度化、规范化、程序化。推进治理体系和治理能力现代化，要立足阶段特点和实际需要，改革破除制约发展的体制机制，构建新的更加成熟定型的治理体系;要更加注重治理能力建设,增强按制度办事、依法办事意识,善于运用制度和法律治理国家,把各方面制度优势转化为管理国家的效能,提高党科学执政、民主执政、依法执政水平。

二、新时代交通运输全面深化改革肩负新使命

(一)交通在深化供给侧结构性改革中要当好先行

经济发展,交通先行。交通运输作为国民经济基础性、先导性、战略性产业,为推进全面深化改革提供有力支撑。交通基础设施投资是拉动内需的重点领域,运输服务效率直接影响经济运行成本,交通运输的供给质量和效率与经济供给侧紧密相连。党的十九大报告明确提出,“深化供给侧结构性改革,要加强水利、铁路、公路、水运、航空、管道、电网、信息、物流等基础设施网络建设”;建设现代化经济体系,要“以供给侧结构性改革为主线,推动经济发展质量变革、效率变革、动力变革,提高全要素生产率,着力加快建设实体经济、科技创新、现代金融、人力资源协同发展的产业体系”。适应经济发展新常态,支撑经济稳步增长,需要交通运输继续发挥有效投资对冲经济下行压力的关键作用;推动第三产业发展,满足人民群众多样化的出行需求,需要交通提供大运量、高品质、差异化的运输服务。在这种情况下,未来我国交通基础设施需要按照适度超前的原则,继续保持一定的投资规模和建设速度,通过改革全面提升交通总体供给能力和综合服务水平,通过改革进行体制机制创新和技术创新,形成供给侧结构性改革的强大动力。

(二)加快交通强国建设需全面深化改革支撑保障

坚持全面深化改革是改革开放40多年来获得的宝贵实践经验,是推进交通强国建设的必由之路和动力源泉。党的十九大提出要加快建设创新型国家,并进一步明确要建设交通强国。交通强国建设是社会主义现代化的重要组成部分,是先行领域和战略支撑。交通

强国意味着我国交通运输发展的整体水平进入世界领先行列，从“并跑时代”迈入“领跑时代”，这不仅仅是量的领先，更加强调的是质的超越，包括可靠的质量、先进的科技、优质的服务、高效的运行等。在这个跨越的过程中，交通运输将面临诸多制约，其中主要是我国交通运输发展的不平衡、不充分问题，表现为规模总量虽大，但结构不优；发展方式依然粗放，城乡间、区域间、方式间发展不平衡；运输服务水平、智慧绿色发展水平、治理能力水平有待提升；土地、环境、资源、资金等约束趋紧，可持续发展能力不强等，主要矛盾已经转化为交通运输供给体系质量和效率不能满足人民群众对高品质交通需求的矛盾。破解交通运输发展的主要矛盾，建成世界领先、人民满意、保障有力的社会主义现代化交通强国，实现交通运输创新、协调、可持续发展，必须牢牢把握全面深化改革这把金钥匙，把握好全面深化改革在交通强国中的战略定位，领会交通运输全面深化改革的理论体系和动力源泉，明确全面深化改革内涵与规律，对全面深化改革的方式方向有新的认识提高，对过去的改革在评估继承上有新的提升，在推进改革的策略举措上有新的突破。

（三）攻坚克难推动交通发展需深化改革提供动力

交通运输行业一直深入贯彻落实党中央全面深化改革决策部署，目前交通运输行业改革已进入“施工高峰期”，“四梁八柱”改革稳步推进，改革举措扎实“落地”，改革取得了显著阶段成效，正面临更深一步全面推动落实改革的关键阶段。同时，交通运输发展还面临一些新情况新形势，如国际经贸环境日趋复杂，全球经济复苏缓慢，贸易保护主义有所抬头等因素加剧了双边经贸摩擦；进一步支撑国家战略实施，交通要继续当好先行；支持海南全岛建设自由贸易试验区，要稳步推进中国特色自由贸易港建设；要进一步深化投融资改革，破解行业发展资金难题；要推动行业高质量发展，进一步加大降本增效;要进一步完善交通统筹发展机制,推动建设现代化交通运输体系等;2020 年以来,新冠肺炎疫情全球持续蔓延对交通运输行业改革发展产生深远影响,也暴露出行业治理的短板弱项,对行业改革提出了更高要求。面对这些新情况、新形势,要求交通运输行业进一步全面深化改革,深入解放思想,加大攻坚克难,将其转变为我国交通运输发展的强大驱动力,推动交通强国建设,实现更高质量、更有效率、更加公平、更可持续发展。

(四)建设人民满意交通运输需深化改革促进创新

21 世纪是人类依靠知识创新和高技术创新持续发展的时代。当前及今后一段时期,我国交通运输发展必须把握世界科技发展趋势,突出创新驱动核心作用,在新一轮全球竞争中赢得战略主动。新一轮的科技革命和产业变革将形成历史性交汇,互联网技术与传统产业呈现加速融合态势,电子信息、生物工程、航空航天、新材料、新能源等高新技术的发展,以及自动驾驶汽车、智慧地球、智慧城市、车路协同等新理念不断涌现,将改变人们的工作、学习和生活方式。为适应技术和产业变革,发达国家纷纷出台应对举措,美国再工业化战略、德国工业 4.0 战略等,新技术革命正在促进全球经济产业发生巨大变化。日新月异的科技发展,既会给交通运输发展注入新动力,也会带来交通运输需求的新变化。交通运输行业要牢牢抓住新的网络信息技术、新材料技术、先进制造技术、低碳技术、生物技术发展和商业模式创新机遇,加快交通运输科技领域的全面深化改革,把智慧交通建设作为主战场,将互联网产业与传统交通运输行业进行有效渗透融合,形成具有“线上资源合理分配,线下高效优质运行”的典型互联网特征的新业态与新模式,满足更便捷出行、更人性服务和更科学决策的需求。以科技手段实现交通运输传统产业向现代服务业的转型升级,加快交通强国建设进程。

第二节　交通运输全面深化改革有强烈自身需求

世界交通发展历程表明，交通运输发展必然经历一个大规模基础设施集中建设的阶段，经历由单一运输方式的各自发展向多种运输方式协调发展的过程，经历由数量扩张到质量提升、由外延粗放向内涵集约的发展过程。新时代，交通运输深化改革推动发展即是对应行业发展阶段特点的内在规律，也是顺应时代发展大环境的必然要求，同时也是破解行业发展难题的现实选择。

一、以改革破解行业发展主要矛盾

交通运输是国民经济中基础性、先导性、战略性产业，是重要的服务性行业。交通运输业与经济社会发展存在密切的正相关关系，一方面交通运输业发展将创造更便利的基础设施条件支撑当地经济发展；另一方面，当地经济社会发展又将催生巨大的交通运输需求，为交通运输业发展提供广阔的发力空间。经过改革开放40多年的持续快速发展，交通运输发展取得了重大成就，许多指标走在了世界前列，我国已经站在了由“交通大国”迈向“交通强国”的新起点上。对照交通强国建设提出的构建安全、便捷、高效、绿色、经济的现代化综合交通体系，打造一流设施、一流技术、一流管理、一流服务，建成人民满意、保障有力、世界前列的交通强国奋斗目标，我国交通运输行业在服务能力和水平上还存在不小差距，交通运输发展的不平衡、不充分问题凸显，制约了行业高质量发展。

（一）发展不平衡问题

发展不平衡，主要是区域间、城乡间、运输方式间、新旧业态间以及软硬实力间的不平衡，发展不平衡制约了行业整体水平提升。

交通发展空间区域结构不平衡。当前我国交通基础设施区域不平衡、衔接不顺畅等问题仍然较为突出。以路网密度(截至2018年底)为例来说,东、中、西部发展差异仍然比较突出,东部交通网络密集,建设规模和质量较高,西部交通网络密度与东部差距较大,东部地区铁路网、公路网面积密度较西部地区高4.7倍和4.22倍,见表4-1和表4-2。

中国东、中、西部铁路路网情况 表4-1

地　　区	铁路线路密度(公里/百平方公里)	铁路里程(公里)	国土面积(万平方公里)
中　国	1.37	131651	960
其中:东部地区	3.62	38052	105
中部地区	2.43	40802	168
西部地区	0.77	52797	687

中国东、中、西部公路路网情况 表4-2

地　　区	公路线路密度(公里/百平方公里)	公路里程(公里)	国土面积(万平方公里)
中　国	50.48	4846532	960
其中:东部地区	122.33	1284501	105
中部地区	93.47	1570296	168
西部地区	28.99	1991735	687

注:数据来自《中国统计年鉴2019》。其中,东部地区指北京、天津、河北、辽宁、山东、江苏、上海、浙江、福建、广东、海南;中部地区指黑龙江、吉林、安徽、河南、湖北、湖南、江西、山西;西部地区指内蒙古、重庆、四川、贵州、云南、西藏、甘肃、青海、宁夏、新疆、广西。

区域城乡交通运输发展还不平衡,农村和贫困地区交通基础设施仍然比较薄弱、客货运发展相对滞后,货运成本高、群众出行难等问题依然突出。据统计,“十三五”期间,集中连片特困地区还有2.2万个建制村需要解决通畅问题,涉及建设规模约25万公里。随着“一带一路”的实施,将使国际运输由海运主导、东向为主逐渐向海陆并举、东西共进转变,未来中亚、东南亚、东北亚等全方位沿边开发开放将带来陆路国际运输的快速增长。国家实施长江经济带、京津冀协同发展战略,会对区域交通布局和发展形成较大影响,需要交通运输进一步发挥先行和保障作用,不断促进多边之间、地区之间的互联互通。

综合运输体系建设待完善。2018年4月,习近平总书记在深入推动长江经济带发展座谈会上指出,“我们国家物流费用成本偏高,这其中就有运输效率不高问题,究其原因,主要是各种运输方式各自为政发展,各种交通运输方式衔接协调不畅、彼此结构不平衡不合理导致的”。长期以来,各运输方式规划建设相对独立,运输方式间发展不平衡、不协调,各运输方式之间发展的统筹力度不足,设施规模结构性问题突出,供给短缺与局部过剩并存。比如,各种运输方式的技术经济特点和比较优势尚未得到充分有效发挥,铁路和内河水运能力不足,大宗物资长途运输的公路市场份额过高。各种运输方式之间的优化布局、“无缝衔接”和“零换乘”的发展相对滞后,衔接不够顺畅,尤其铁路与公路、港口间无缝衔接问题仍较突出,大部分铁水联运集装箱港区未能实现与铁路的紧密衔接,全国城市公共汽电车运营站点中,只有38395个可以实现与公路长途、铁路、航空的300米内换乘,比例仅为3.26%。

交通一体化发展体制机制亟待加强。未来,服务国家重大战略实施,推动区域交通一体化,需要进一步在规划、建设、运营、管理、养护和服务等方面探索一体化发展的创新体制机制,需要着力构建现代化高质量综合立体交通网络,需要健全和优化区域性交通标准建设模式,研究构建区域标准一体化工作机制,推进支撑雄安新区交通运输高质量发展标准体系研究，打造区域一体化发展标准体系建设样板。

（二）发展不充分问题

发展不充分，主要是基础设施网络覆盖、运输服务供给、安全绿色发展、智能化应用、市场主体活力的不充分。发展不充分阻碍着行业高效、高质、包容、可持续发展。

交通基础设施建设发展水平还有差距。对标国际一流水平，我国交通基础设施建设发展还有不小提升空间。截至2018年底，我国公路路网密度仅为50.48km/100km^2，居世界第17位；铁路网密度仅为1.37km/100km^2，居世界第29位，如图4-1和图4-2所示。

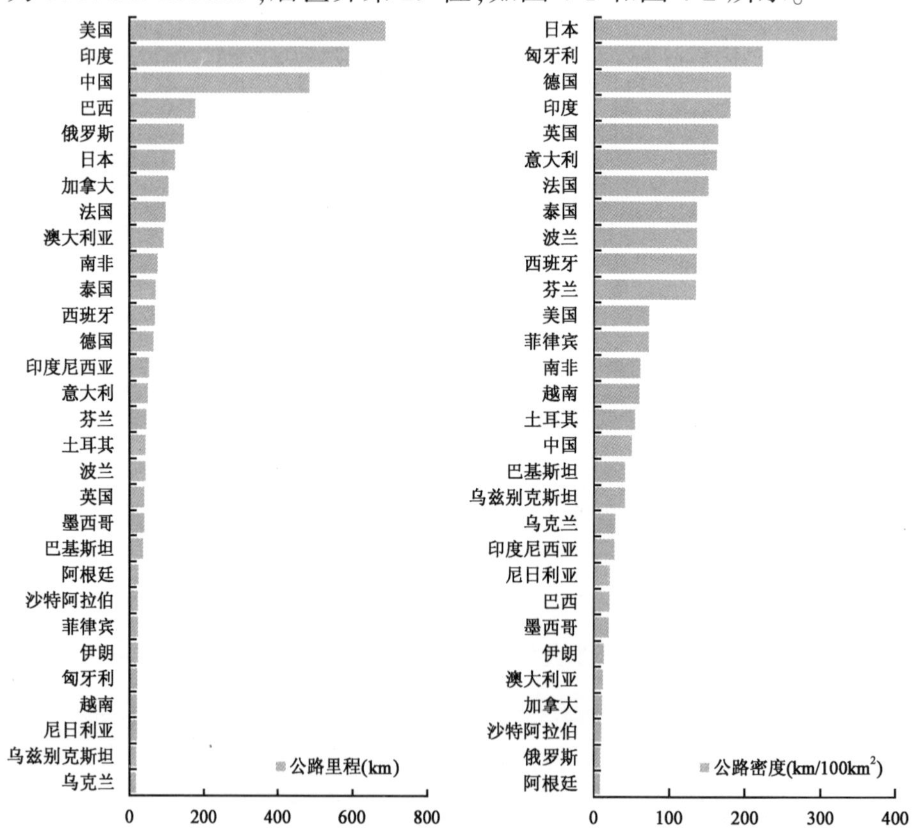

图4-1　公路里程和路网密度居世界前列的国家和区域情况

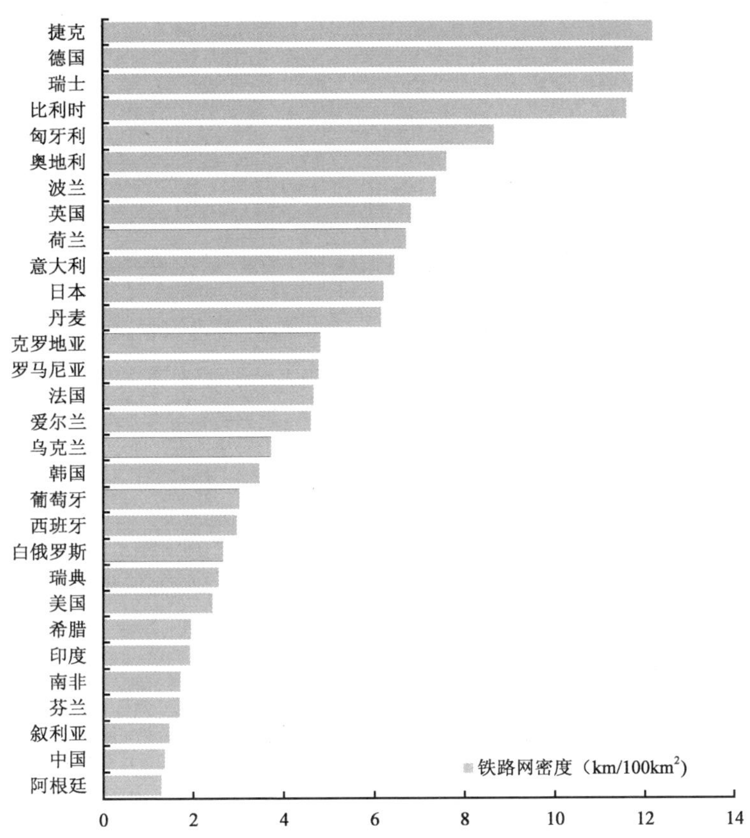

图 4-2 铁路网密度居世界前列的国家和区域情况

公共交通服务供给不足。当前，城市与农村、东部与中西部交通运输公共服务的均等化尚未实现，城乡交通运输发展水平差距大、管理体制二元化、服务网络衔接不畅等问题，与经济社会发展需要和城乡居民需求有差距。对比国际典型国家，在综合客运枢纽换乘上，美国不同交通方式换乘控制在 10 分钟以内，日本交通枢纽以“零换乘”为目标，铁路对轨道的换乘距离控制在 100 米，对公共汽车的换乘距离控制在 200 米，对出租车的换乘距离控制在 300 米；在城市公共交通分担率上，东京、新加坡、香港等城市公交分担率分别为63%、86%、90%，北京、上海等大型城市仅为50%左右，其他城市一般在10%～30%水平；在快递服务上，美国联邦快递服务范围涵盖全球220个国家和地区，能在24到48小时之内，提供门到门、代为清关的国际快递服务，而我国在国际供应链体系保障上还存在较大差距。

运输服务组织管理能效亟待提升。比如，在多式联运方面，2017年我国多式联运比例不足2%，远低于美国的10%；铁路集装箱运量占铁路货运量比例，我国为3%，远低于世界平均水平(20%)，低于法国(40%)和美国(49%)。物流业"低、小、散"和粗放型增长的总体特征依然突出，我国运输业户中个体户占到90%以上，户均拥有1.6辆车，远低于欧美发达国家；物流组织化程度整体不高，集装箱海铁联运比例仅为2%(国际上为20%左右，美国为40%)，货运车辆实载率不足60%(发达国家为80%～95%)。据有关统计，2019年我国社会物流总费用14.6万亿元，社会物流总费用与GDP(国民生产总值)的比率为14.7%，与2013年的18.0%相比大幅下降了3.3个百分点，如图4-3所示。但这一比率仍高于主要发达国家8%～9%和新兴经济体11%～13%的水平，如图4-4所示。这既与我国产业结构、人口和产业空间布局有一定关系，也反映出我国物流"成本高、效率低"的问题。

服务信息化智能化水平有待提升。信息化建设与业务管理和服务的融合不足，信息化平台及资源开发应用程度不高，信息化尚未在规范业务、流程再造等方面实现深化应用，对行业发展的贡献程度有待提升。信息化发展中政府引导与市场驱动结合不足，电子商务与物流信息化集成发展程度不高，行业资源和社会公共资源的整合兼容不足，信息服务领域产业化发展还处于起步阶段。

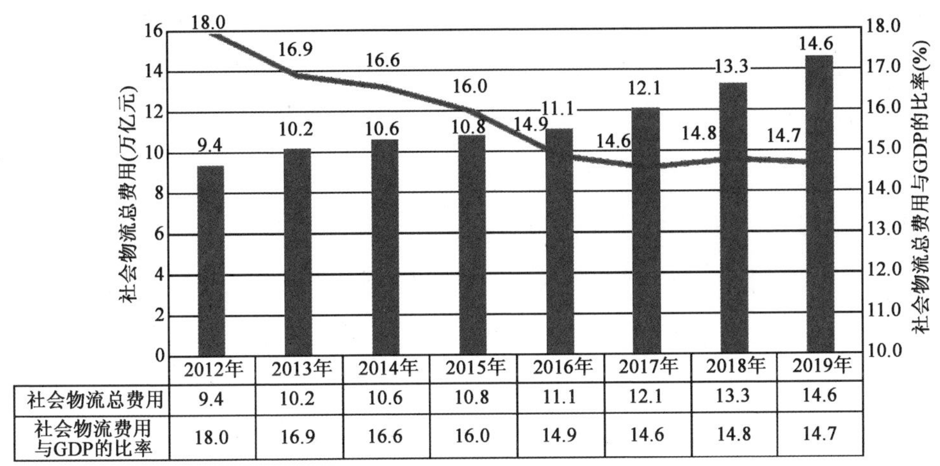

	2012年	2013年	2014年	2015年	2016年	2017年	2018年	2019年
社会物流总费用	9.4	10.2	10.6	10.8	11.1	12.1	13.3	14.6
社会物流费用与GDP的比率	18.0	16.9	16.6	16.0	14.9	14.6	14.8	14.7

图 4-3　2012—2019 年我国社会物流总费用及与 GDP 的比率

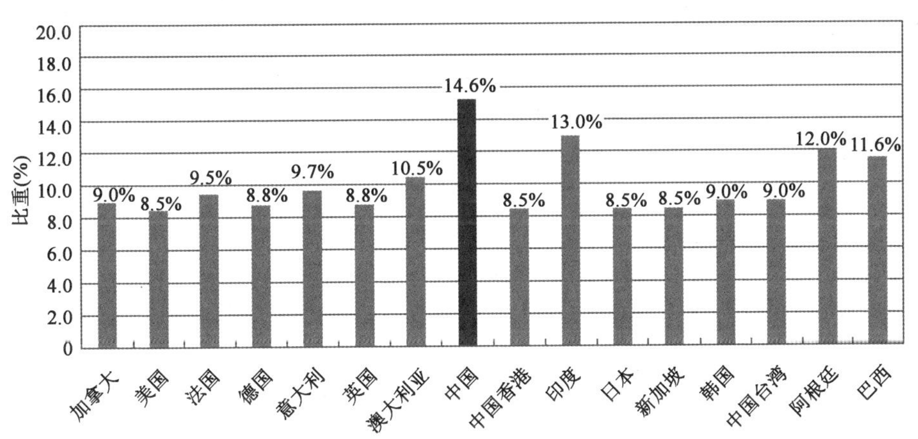

图 4-4　2019 年各国和地区社会物流费用占 GDP 比重对比[1]

(三)可持续发展问题

可持续交通发展就是着力实现交通运输与经济社会协调发展、与自然生态和谐共生,以最小的能源资源消耗和生态环境代价,最大

[1] 部分数据资料来源:Armstrong Associates,Inc.

限度地满足人们的交通运输需求,实现资源节约、环境友好、安全便捷、经济高效,对区域经济发展和社会进步起到重要的引导、支撑和保障作用。

绿色交通建设仍较薄弱。基础设施用地规模较大,交通建设过程生态管理不够,资源集约利用率不高;运输装备落后,能源消耗较大,一些关键核心技术尚未掌握,内河船型标准化率仅为40%,栏板货车约占营运载货汽车78%,而欧美国家90%道路货运通过厢式半挂车等专用运输实现;新能源与清洁能源货运车辆比例较低,如辽宁省新能源与清洁能源货运车辆只占全省载货汽车的1.8‰;能源消费结构亟待优化。交通运输行业能源消费过度依赖石油及煤炭,替代能源、可再生能源消费比重有待提高;节能减排水平偏低,营运车辆、船舶单位运输周转量能耗和二氧化碳排放仍需下降;城市公共交通发展相对滞后,服务水平有待提高;有些企业反映绿色交通优惠政策面太窄,补贴资金还存在落实慢和落实不到位等问题。亟须大力推动交通生态文明建设,深化绿色交通管理体制机制改革,建立健全绿色交通发展目标责任体系、统计监测体系、考核评价体系和激励约束机制,强化绿色交通资金保障。

行业安全发展面临挑战。改革开放以来,特别是党的十八大以来,在习近平新时代中国特色社会主义思想指导下,交通运输安全生产体制机制不断完善,法规制度逐步健全,人员素质显著提升,装备设施安全性能明显改善,交通运输安全生产取得了长足发展。但距离交通强国提出的"人民满意、保障有力、世界前列"的目标仍有较大差距,特别是安全基础薄弱、安全责任不严不实、安全改革创新不足、新业态安全监管不适应等问题仍较为突出,安全生产依然任重道远。比如,道路交通安全水平与国际水平有很大差距,2017年我国道路事故死亡人数为6.7万人(美国为3.5万人);道路万车死亡率是英国的4.3倍,日本的3.9倍,美国的1.7倍,如图4-5所示。在交通安全应急上,安全应急资源布局规划不合理,缺乏全国统一的交通运输安全监控和应急指挥平台;安全、应急设施、设备、资源的配备标准没有建立,安全设施和技术装备相对落后;各类交通运输企业安全主体责任落实不到位,应急预案操作性差,应急演练不到位,效果不理想;安全、应急经费保障不足,企业安全和应急教育、培训、宣传薄弱,危机意识、参与意识缺乏,相关知识掌握少。交通运输安全监管与其他部门如安监部门、交警部门存在职能交叉情况,特别表现在道路运输动态监控职能上。

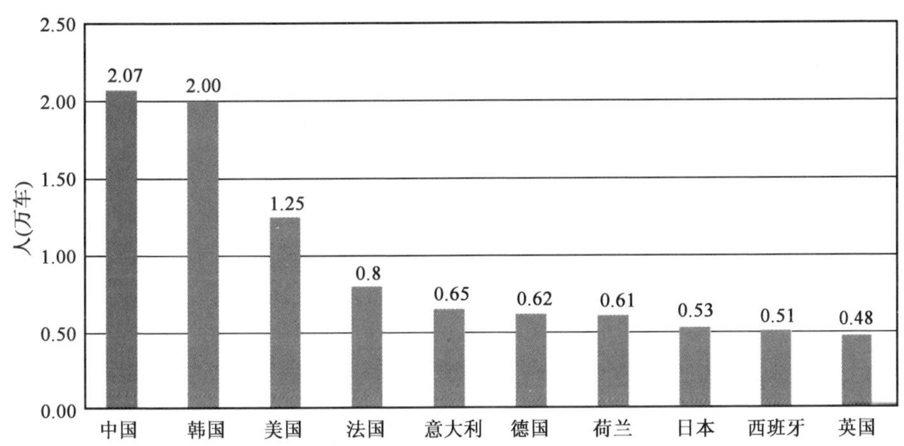

图4-5　世界有关国家万车死亡率对比情况[1]

科技创新支撑保障作用不够。行业基础研发薄弱,关键核心技术还未实现自主可控,行业资源开放共享和应用程度不高,与推动中国标准、技术、装备、服务和交通运输企业在更大范围和更高层次上"走出去"的要求相比还有很大差距。截至2019年底,我国民用汽车

[1] 中国为2017年数据,其他国家为2015年数据。

拥有量为2.54亿辆,汽车产销量居世界第一;铁路客车拥有量为7.32万辆,铁路货车拥有量为83.92万辆(截至2018年底数据),“高速铁路”成为新时代中国名片;民用机动运输船拥有量12.14万艘,净载重量24244.71万吨(截至2018年底数据),全球造船三大指标位居世界第一;民用飞机架数达到6525架,具备大型喷气式民用飞机的制造能力。但是,核心技术空心化问题突出,比如汽车、大型船舶和飞机的发动机、电控系统等战略性装备自主创新能力不足;节能环保型车辆的车用芯片、车载操作系统等核心关键技术未完全掌握。

行业建设发展资金筹措压力大。近年来,随着对项目运营和服务品质、绿色安全发展要求越来越高,在资源和环境约束双重叠加影响下,交通运输基础设施项目建设运营成本不断攀升。根据收费公路有关数据统计,2018年度全国高速公路建设成本(以当年新增投资和新增里程做近似处理)平均为10819万元/公里,收费公路成本支出(包括偿还本息、养护、运管、税费等支出)平均为572万元/公里,与2014年相比,5年间平均每年分别增长13.0%和17.4%。未来,随着征地拆迁、环保成本等上升,随着高速公路建设逐步向边远穷地区延伸,受建设条件限制,桥梁隧道比不断提高,高速公路建设管养成本还将继续攀升。而另一方面,2018年全国经营性收费公路通行费年均收入为456万元/公里,支出为730万元/公里,缺口为274万元/公里,相对于动辄每公里上亿元建设投资来说,项目整体投资效益较差,项目对社会资本投资吸引力下降。

需要高度重视交通债务风险。据有关统计报表,2018年,中国铁路总公司资产总计为8.002万亿元,负债余额5.213万亿元,其中长期负债为4.515万亿元,年度还本付息4901亿元,其中付息807亿元,付息额比2016年和2017年的752亿元和760亿元有所增加。另根据《2018 年全国收费公路统计公报》数据，2018 年末，全国收费公路债务余额 56913.6 亿元，比上年末净增 4070.1 亿元，增长 7.7%；2018 年度，全国收费公路车辆通行费总收入 5552.4 亿元，支出总额 9621.8 亿元，收支平衡结果为 -4069.4 亿元，收支缺口巨大，比上年增长 1.1%。2018 年度，全国收费公路共减免车辆通行费 917.8 亿元，占 2018 年度应收通行费总额的 14.2%，减免额比上年增加 96.1 亿元，增长 11.7%。2010—2018 年度，收费公路通行费收入和支出变化情况如图 4-6 所示。

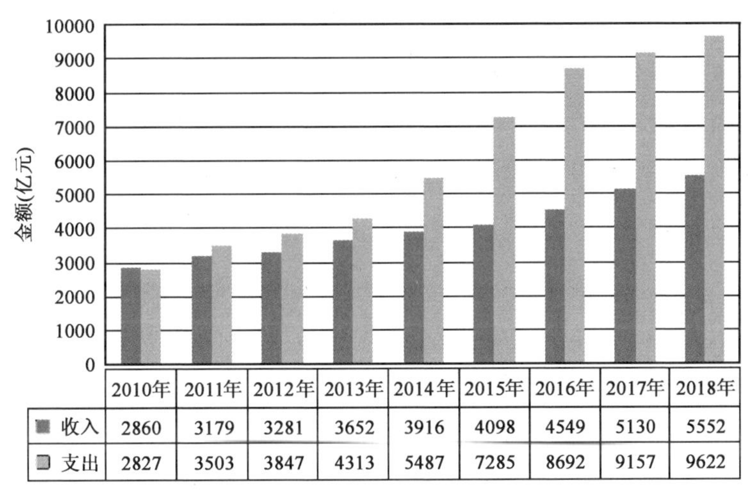

	2010年	2011年	2012年	2013年	2014年	2015年	2016年	2017年	2018年
收入	2860	3179	3281	3652	3916	4098	4549	5130	5552
支出	2827	3503	3847	4313	5487	7285	8692	9157	9622

图 4-6　2010—2018 年度收费公路通行费收入和支出情况

二、以改革推动行业发展转型升级

我国已进入全面建设小康社会的关键阶段，工业化、信息化、城镇化、市场化、国际化进程加快，经济发展、经济体制、社会结构、利益格局和思想观念都发生了深刻变化。新形势下，交通运输发展既面临严峻挑战又有重要机遇。交通运输发展由单纯依靠增加物质资源投入驱动的方式将一去不复返，要真正当好经济社会发展的先行官，主动担当有更大的作为，需要坚持以改革创新的勇气和魄力，以改革破除制约、增添动力、提升服务，推动行业转型升级，不断向更高层次发展。

（一）以改革破解外部因素制约

党的十八大以来，生态文明建设受到越来越多重视，已经成了经济发展的硬约束和刚性考核指标。交通运输对资源的占用和生态环境的影响日益引起社会关注，土地、岸线、能源等资源、环境约束进一步增强。据测算，2011—2020 年，我国交通运输年均占地约 20 万公顷（300 万亩），土地制约日益紧张。我国载货汽车油耗比世界先进水平高 30% 左右，内河运输船舶油耗比国外先进水平高 20% 以上，机动车尾气排放在一些大城市占大气污染物比重 60%。如何在维护好生态文明建设的同时维持交通运输业的平稳持续发展，需要深化改革，协调好交通建设与能源、资源、环境、技术之间的关系，大力发展绿色交通和智慧交通，理顺长期发展中积累的结构性矛盾和转变原有的粗放式增长方式。大力实施绿色交通，不仅仅局限在采用节能环保的技术、装备，也需要加强交通建设中生态保护与修复、污染防治，也需要不断提高物流运作的组织化、网络化水平，需要从政策法规、环保监管、生态保护、污染防治、资源循环利用、污染事故应急和环保科研等方面进行全面、多层次、成体系的管理与研究。

（二）以改革推动发展动力转换

通过全面深化改革，逐渐破除交通运输发展中的体制性障碍，加快释放改革红利，以改革推动科技创新和对外开放，积极构建多元动力支撑机制。

深入推进科技创新。以创新驱动引领交通运输现代化建设，加快发展智慧交通，以信息化、智能化为牵引，推动现代信息技术与交通运输管理和服务全面融合，不断提升交通运输设施装备、运输组织的智能化和运营效率、服务质量。推动大数据、云计算、物联网、移动互联网等在行业积极应用,促进线上线下结合的商业模式蓬勃发展,进一步增强行业发展的内生动力。

大力实施“走出去”战略。开放是开拓发展新空间、加快实现交通运输现代化的必由之路。随着社会主义市场体制逐步完善,市场在资源配置中的决定性作用更加突出,对外开放向广度和深度推进,交通的发展必须跟上对外开放的步伐,适应经济全球化和区域一体化的需求。随着“一带一路”合作的深入推进,交通作为“一带一路”形成和发展的基础条件和主要载体,中国交通运输标准、技术、装备输出步伐将大大加快,需要通过打开“互联互通”的开放格局,与其他部门联合从政策沟通、道路联通、贸易畅通、货币流通、民心相通等方面推动丝绸之路经济带建设,在统筹走出去和引进来、推动国际大通道建设、进一步扩大开放步伐等方面推动形成高层次、宽领域、全方位的合作新格局。

(三)以改革提升交通运输服务

新时代,随着经济持续较快发展和生活水平不断提高,人民群众的物质文化需求日益多样化,选择性不断增强,要求交通运输必须满足社会对交通运输公共产品和公共服务的全面快速增长的需要。推进交通运输资源开放共享,利用物联网、移动互联网等技术,进一步加强对公路、铁路、民航、港口等交通运输网络关键设施运行状态与通行信息的采集,推动跨地域、跨类型交通运输信息互联互通,推广船联网、车联网等智能化技术应用,提高基础设施、运输工具、运行信息等要素资源的开放共享水平。随着社会主义市场体制逐步完善,市场在资源配置中的决定性作用更加突出,对外开放向广度和深度推进,交通的发展必须跟上对外开放的步伐,适应经济全球化和区域一体化的需求。作为“一带一路”合作形成和发展的基础条件和主要载体,需要通过打开“互联互通”的开放格局,与其他部门联合从政策沟通、道路联通、贸易畅通、货币流通、民心相通等方面推动丝绸之路经济带建设，在统筹走出去和引进来、推动国际大通道建设、进一步扩大开放步伐等方面推动形成高层次、宽领域、全方位的合作新格局。

第三节　新时代全面深化交通运输改革基本要求

新时代，交通运输要真正当好经济社会发展先行官，迫切需要深刻把握新形势新要求，将五大新发展理念，贯彻落实到下一步实施的全面深化改革任务部署中，集中体现为“四个更加注重”，促进行业转型升级和推动行业治理现代化。

一、更加注重综合协调发展

协调发展就是实现辩证发展、系统发展、整体发展，解决发展不平衡问题。我国区域经济社会发展不平衡、城乡差异大，交通运输作为实施全面建设小康的重要基础和支撑保障，作为落实国家“三大战略”的排头兵，在推进区域经济协调发展和对外开放中承担着重要责任。交通运输业应紧紧抓住“大交通”管理体制改革和国家“三大战略”实施契机，协调好区域之间和区域内部两个交通设施布局，统筹好国内与国际两个交通运输市场，抓住发展机遇深化体制机制创新推进综合交通运输体系建设，在政策、规划、技术标准、信息传输、经营规则以及管理体制上进行统一的协调和宏观调控，在统筹走出去和引进来、推动国际大通道建设、进一步扩大开放步伐等方面形成高层次、宽领域、全方位的合作新格局。

二、更加注重运输精准服务

运输精准服务就是使交通为经济社会发展和广大民众提供更优

质公平、专业化、多元化的运输服务，增强获得感，增进人民福祉。以“互联网+”为特征的新兴技术、产业正在迅速崛起，跨界融合发展是大势所趋，基于互联网的新业态成为新的经济增长动力。随着“互联网+交通”的拓展应用，以融合促创新，最大程度汇聚各类市场要素的创新力量，将为交通行业注入新活力，甚至将会彻底颠覆交通传统行业的运行和组织模式，改变运输市场结构，倒逼行业管理服务创新，推动融合性新兴产业成为交通运输未来的发展方向。而随着“大众创业、万众创新”深入实施，大力发展众创空间、开放式创新等，将引导和推动全社会形成大众创业、万众创新的浓厚氛围，通过依托互联网成为提供公共服务的重要手段，网络经济与交通实体经济协同互动的发展格局将是大势所趋。随着居民高端、便捷、舒适、个性化出行需求越来越大，亟待拓展大数据、云计算在物流领域、居民个性化出行定制、智能交通等领域的应用。人口老龄化与农业现代化相互叠加激发大量新的休闲、旅游需求，在未来也必须给予重点关注。

三、更加注重绿色智慧发展

绿色智慧发展就是转变发展方式，解决发展动力问题。党的十八大把生态文明建设纳入“五位一体”总布局，强调要把资源消耗、环境损害、生态效益纳入经济社会发展评价体系，建立刚性的评价机制和硬约束。如何在维护好生态文明建设的同时维持交通运输业的平稳持续发展，需要协调好交通建设与能源、资源、环境、技术之间的关系，大力发展绿色交通和智慧交通，理顺长期发展中积累的结构性矛盾和转变原有的粗放式增长方式，采用节能环保的技术装备，加强交通建设中生态保护与修复、污染防治，大力实施科技创新，不断提高物流运作的组织化、网络化、智能化水平，大幅降低运输服务成本，增强国家竞争力，需要从政策法规、环保监管、生态保护、污染防治、资源循环利用、污染事故应急和环保科研等方面进行全面、多层次、成体系的管理与研究,从更高的层面服务于经济社会发展大局。

四、更加注重交通法治民生

法治是保障,民生是目的。交通法治民生就是要把保障和改善民生作为交通运输工作的出发点和落脚点,让交通法治理念深入人心成为风尚,做到交通发展依靠人民,发展成果由人民共享。这就要求要以法治的方式推动改革实施,将更加定型的模式和好的经验做法,上升到法治层面以提供持续的制度保障和发展环境。交通运输在转型升级中坚持统筹兼顾、增进公平,坚持广覆盖、保基本、多层次、可持续,通过统筹城乡区域发展,政策向中西部老少边穷地区和集中连片特困地区倾斜,不断提高交通运输基本公共服务的能力和水平。加强交通法治建设,不断完善交通运输治理体系,厘清政府、市场和社会边界,提升交通行业治理能力,使市场在交通运输资源配置中起决定性作用,使政府在交通运输公共服务提供和改善民生中发挥更好的作用,让社会组织在行业自律和公共服务中发挥更多作用,共同促进行业市场经济发展和公共福利增进。

第五章　国外交通运输改革实践与启示

它山之石，可以攻玉。本章将着重介绍国外典型国家，如美国、日本、英国等国家，在交通运输管理体制机制、战略规划、政策法规、财税政策等方面，推动交通运输改革发展实践与做法，明确对我国交通运输改革借鉴启示。

第一节　美国交通运输改革与发展

一、美国交通运输改革发展历程

（一）第一阶段（1887—1966 年）

阶段特点：鼓励各种运输方式的竞争发展，为交通建设提供法律授权和资金支持。

早在 1887 年，美国颁布《州际商业法》，在第 10101 条款修正案的附加条款中明确规定，要“充分认识并保护每一种运输方式内在的优势”。

1916 年 7 月 11 日，美国颁布施行第一个联邦资助公路建设法案——《联邦资助道路法案》，法案规定联邦政府将为州政府提供 5 年期，每年 7500 万美元的公路建设资金，各州政府按照 50% 比例配套资金，进行公路建设。

20 世纪 30 年代世界经济大萧条，时任总统罗斯福为缓解经济危机施行新政,扩大政府功能,加大对经济的干预,在运输发展领域,制定重要的法律和制度,提高运输效率,促进联运发展。

1940年,《运输法案》提出:运输系统具有多种方式的性质,国家对各种运输方式实行公平待遇,承认和保护各种运输方式的内在优势,防止运输方式间的过度竞争;国家运输政策的目的是保持水路、公路和铁路及其他运输方式的协调和健康发展,并最终形成统一的国家运输体系,以满足美国商业、邮政及国防的需要。1947年,美国国会立法成立了政府行政部门组织委员会,为建立一个内阁级别的运输部奠定了基础。

1952年通过的《联邦资助道路法案》第一次明确对州际公路建设提供资金支持,联邦政府按照50%的投资比例每年提供2500万美元。1956年6月29日,艾森豪威尔总统签署《联邦资助公路法案》,也称《州际公路和国防公路法》,授权联邦政府在10年期限内,拨款250亿美元用于建设66000公里州际高速公路。州际公路和国防公路建设资金由公路信托基金(Highway Trust Fund)支付90%,其余10%由州政府支付。信托资金来源是燃料税,汽车、卡车和轮胎使用税等。自此,美国州际公路建设的开始起步并正式实施。

(二)第二阶段(1967—1990年)

阶段特点:放松对运输的各类管制,但开始强调交通管理机构的整合。

1966年,约翰逊总统认为,对于国家经济的健康发展,包括就业、生活水平、环境和国防,不断更新的交通系统是必不可少的,并向国会提出设立《运输部法》,在提交给国会的报告中指出,"当今美国缺乏一个协调一致的交通运输体系,这个体系能够满足旅客和货物方便和有效地从一种运输方式向另一种运输方式转换,最好地发挥每一种运输方式的优点"。

1967 年,在《运输部法》的推动下,依法正式成立内阁级别的美国联邦运输部,把联邦政府中原来管理交通运输事务的 8 个部委、30 多个局处的业务纳入同一管理部门,正式确立由美国联邦运输部统管当时的公路、水路和铁路运输。随后,运输部整合了原隶属于商务部的国家交通安全局和国家公路安全局,成立了联邦公路管理局,专门负责道路交通安全,确立了道路交通运输部门管理道路交通安全的地位,完成了道路交通安全管理的主体由警察部门向交通部门的转变。1981 年《海运法》的实施,又将隶属于商务部的联邦海事局划归运输部。

1973 年,颁布《联邦资助公路法》,提出:各州可以使用公路信托基金用于公共交通建设,对城镇地区公路资助额度与农村地区持平,资助国家公路绿化美化项目。特别的关注了运输方式间协作问题,要求建立"国家运输政策研究委员会",并于 1976 年完成组建完毕。此后,美国开始了国家运输系统的建设,并着重于两个发展重点:一是各种运输方式间结合部——枢纽的建设,如港口、场站、机场等,通过政府直接投资或通过政策手段鼓励投资兴建;二是通过政府政策引导下的市场机制,在双赢或多赢的原则下,实现成千上万运输企业间的有效协调。

20 世纪 80 年代,随着资源、生态环境等压力的不断增大,在充分估计经济、技术、政治、环境和社会因素的未来影响情况下,美国政府出于增强综合国力,提高国际竞争力,保持世界霸权地位的考虑,提出建立一个可以安全、高效地运送人、货物和传递信息的综合运输系统的目标,并制定具体政策,指导国家运输体系的建设和完善。

(三)第三阶段(1991 年至今)

阶段特点:以可持续发展为目标,交通发展以战略性文件为引领,注重各种运输方式的竞争和效率发挥,强调交通与资源节约和环

境友好的关系。

进入20世纪90年代，随着70—80年代在公路上的大量投资后，各类交通拥挤、环境污染和气候变暖加剧，人们开始认识到过度的重视公路和汽车的发展，不仅使本国经济过度依赖石油的发展，而且对环境和后代的发展带来了不可逆的影响。

1990年，美国颁布了交通环保政策上具有里程碑的法律文件，即《清洁空气法案》修正案，美国政府采取了汽车及汽油消费税收、城市和交通高峰期支付拥堵费、高停车费等经济政策，以及强制共乘和城区通行许可证等行政干预手段来抑制公路使用需求，并出台了节能汽车使用公路共乘车道的立法方案。

1991年，美国通过了《综合地面运输效率法案》(Intermodal Surface Transportation Efficient Act，ISTEA，简称“冰茶法案”)，对交通运输发展的认识有了革命性的转变。法案明确要求联邦运输部将工作重点转移到如何使用当前的高新技术来解决交通拥挤、环境污染、交通运输的协调发展以及如何与生态环境相适应等问题，同时将城市轨道交通管理局转变为联邦运输管理局，并且新成立了运输统计局和多式联运办公室。赋予大都市区规划组织更大权力，提出公路和公共交通投资规划应考虑多种运输方式协调配合，在管理体制上明确：其一，在原部长办公室下面设立了综合运输办公室，主要负责维护、发布综合运输有关的数据，协调综合运输方面的联合研究；其二，运输部长授权各州制定综合运输发展规划，提供300万美元的资金支持；第三，成立国家综合运输委员会，主要开展多式联运标准制定、多式联运对市政工程的影响、影响多式联运效率存在的主要障碍、财政融资问题、综合运输新的技术、货物在多方式间转运的记录问题、研究和开发需求、综合运输对于提高生产效率的关系等的问题研究。

冰茶法案彻底改变了过去以联邦投资州际高速公路为核心的发展思路，强调交通运输发展资金分配的柔性化，强调在合适的时间、合适的地方（国家层面转至地方层面）提供合适的设施类型。在美国联邦交通运输发展资金的分配上实现了由国家级运输系统向地方运输设施的转变，交通基础设施由公路建设为主转向公交、铁路等多种运输设施及联运，铁路也是从这个时候由之前的衰退进入了重新复苏的时代。交通运输系统由基础设施建设为主转向建设、安全与管理并重，交通运输发展的目标由支持国防与社会经济发展转向支持人的发展、高质量的社区生活最终走向社会的全面可持续发展。

1998 年，克林顿签署了《21 世纪运输权益法案》（又称“续茶法案”），对 1998 年至 2003 年为期 6 年的公路、公路安全和公共交通计划进行了授权。续茶法案将改善交通安全摆在美国交通运输发展的首要位置，并且一直作为美国交通发展的第一位目标。“冰茶法案”与“续茶法案”先后颁布，确立了综合运输的发展方向，标志着美国对国家交通运输发展认识的革命性转变。

1996 年，国会通过立法成立了地面运输委员会，承担了原州际商务委员会的监管职能，负责管制铁路、公路、水运、管道等运输行业。

2000 年，根据《1999 年汽车货物安全改善法》，美国运输部将机动车辆管理职能从联邦公路管理局中分离出来，成立了一个新的内设职能机构——联邦机动车安全管理局，强化对大卡车和公共汽车的车辆与驾驶员的管理，有效降低这两类车辆的交通事故。

进入 21 世纪后，2005 年 8 月美国总统签署了新一轮的运输授权法案——《安全、可靠、灵活、高效的运输平衡法案：留给使用者的财产》（又称“露茶法案”），该法案为接下来五年美国的道路和桥梁网络以及大众公交系统提供2860多亿美元投资,使美国拥有现代化的道路,缓减交通拥堵。五年里,美国运输部先后出台了《2003—2008年战略计划》《2006—2011年战略计划》《美国2030年运输远景》等中长期发展战略。围绕建设安全、便捷、智能化的交通运输发展而努力。

2012年7月6日,奥巴马政府签署了《美国新运输法案——在21世纪中前进》(简称MAP-21)。这是一份自2005年以来首次颁布的长期公路授权。MAP-21创建了一套合理简化、基于绩效和多式联运的计划,致力于面对美国运输系统所面临的众多挑战。其核心是重组公路计划,包括国家公路绩效计划、地面运输计划、缓减拥堵和空气质量改善计划、公路安全改善计划、铁路-公路道口计划和大城市计划。

这一阶段,美国综合运输发展以满足知识经济和信息社会发展需求为导向,凭借信息技术的支撑,以价值理念引导交通运输发展,追求可持续的环境发展、宜居的民众生活。

二、美国交通运输改革发展主要做法

(一)实施综合交通管理体制改革

纵观美国交通运输发展历程,经历了从鼓励各种运输方式竞相发展到走向融合的转变过程,其中推动并实施综合交通管理体制贯穿其中。自1967年成立美国联邦运输部以来,始终坚持以创建一个安全、高效和联通的全国交通公路、铁路、管道、航空和水路系统为目标。当前,美国联邦运输部是主管全国各种运输事务的最高行政管理机构,其职责是负责全国的交通政策、战略、标准等的制定,提供财政资金资助州及地方交通的建设等。

机构设置。联邦运输部成立于1967年,拥有13个职能机构,运输部内设:部长办公室,地面运输委员会,总监察长办公室,以及10个业务管理机构。运输部的十大业务机构具有较大的独立性和自由性,在各大区都设有办事机构,但各业务局职责并不均衡,部分业务管理局主要负责安全监管或经济监管,部分业务管理局还承担了部分运营职责(如空管),以及通过财政资助促进行业基础设施建设的职责。美国运输部组织机构图见图5-1。

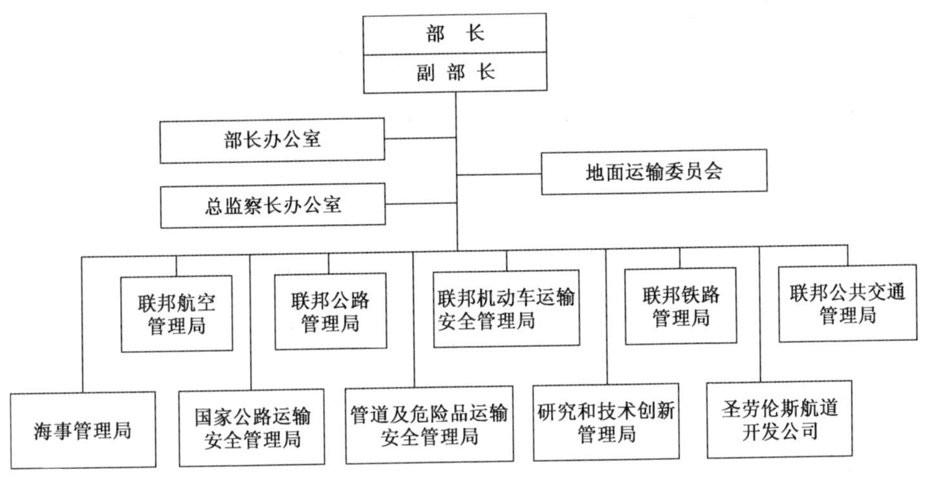

图5-1 美国运输部组织机构图

美国交通运输采用的是“大交通”管理体制,铁路、公路、水运、航空、管道等各种运输方式统一由美国联邦运输部进行综合管理,以保证政府对各种运输方式的发展进行统一规划、组织、协调和强化管理效能。从美国运输部职能和组织机构设置情况来看,美国属于“集中型”设置模式,即几种运输方式统一由运输部管理,在运输部内设立航空、公路、铁路、水运等职能管理机构,对各种运输方式实行纵向管理。

从管理层次上分析,运输部的管理主要分为三个层次:第一个层次是部长、副部长的全面管理;第二个层次是部长助理(包括法律总顾问)的分工管理,这也是美国行政管理的一个特点,即部门个人负责制,强调个人的作用;第三个层次是各个职能管理局主要按运输方式进行分行业的管理。其中,后两个层次都直接对部长负责,它们之间没有直接的隶属关系。从其法律规定来看,各管理局具有较大的独立性和自主权。另外,它们在各大区都设有办事机构,作为与地方政府联系的纽带。由于各局的工作性质不同,有的为地方政府的运输设施建设提供资金,如道路和机场的建设等,有的只作为公共服务机构,如空中交通管制。

不同运输方式的专业化管理相对独立,他们之间的协调与合作主要通过三种途径来实现:一是部长办公室,从国家运输总体发展出发,促进不同运输方式之间的联合发展;二是为了进一步促进不同运输方式在安全方面的协同,2009 年,运输部成立了安全委员会,以促进运输业总体安全管理水平;三是通过研究与技术创新管理局这一科研平台,从科技发展层面促进不同运输方式的协同发展,如该局资助研发的与综合枢纽有关的信息系统,促进了各种运输方式之间的资源共享。

美国这种"集中型"管理模式,从机构的设置及其职能划分来看,有统有分(分行业),既有利于国家对综合交通运输体系的统一宏观管理,又有利于各运输方式自身行业的发展,克服了以往分散管理的弊端;从管理层次和管理幅度上来看,机构横向纵向的设置比较合理,既有利于上下政令的贯彻实施,又有利于同一层次部门之间的协调合作,且各个部门的职能完全满足了国会立法对运输部的各项要求。

(二)注重规划引领交通运输发展

根据 1993 年《政府绩效和结果法》,美国联邦运输部从 1997 年开始制定 5 年的发展战略计划,并且每隔 3 年重新制定新一轮的 5 年计划。1997—2013 年,还先后颁布了《美国综合运输系统 2050 年发展构想》《美国 2030 年运输愿景》等长期战略,确定美国交通运输的中远期发展方向和重点。

1.《美国运输部1997—2002年战略计划》

《美国运输部1997—2002年战略计划》认为，在1997—2002年，作为跨越20世纪到21世纪的5年，美国将面对市场全球化、环境挑战、跨国界的安全威胁以及通信与信息革命等环境要素的变化，运输不再仅是适应水泥、沥青和钢铁，而要建立一个以国际为所及范围、以多种运输方式的联合运输为形式、以智能为特征，将自然包含在内的运输系统，并提出了安全、灵活、经济增长、增进人与自然和谐等4项战略目标以及由此引申出的具体目标。根据《美国运输部1997—2002年战略计划》，美国将完成21世纪的运输系统建设，并使该系统成为全世界最安全、易得、经济和有效的系统。

2.《美国运输部2000—2005年战略计划》

2000年9月，美国运输部颁布了《美国运输部2000—2005年战略计划》，明确了运输业发展的各项战略目标：(1)安全战略目标，安全为其首要任务；(2)畅通战略目标，主要内容包括运输系统物理条件的改善、运输途中时间及成本的减少、旅行准点率和运输能力的提高；(3)经济增长战略目标，主要内容包括运输服务价格指数的增长率低于生产价格指数的增长率，运输贸易壁垒减少，货运服务国际竞争力上升，运输生产能力提高，经营机会增加；(4)环境战略目标，主要内容是减少运输污染(指运输业发展对自然环境、生态环境的污染，运输设施对人文环境的污染)，改善生态环境的可持续发展能力，提高生态环境的良性发展能力，保持低收入落后地区运输服务设施负担与收益的平衡发展能力；(5)国家安全战略目标，主要内容包括确保运输系统在满足国防需要和执行公安警备任务时的充足性与可靠性，减少运输对国外燃料的依赖，减少毒品、非法移民进入美国，维护美国的地区稳定与领土完整。在提高运输安全性战略方面,美国以减少运输伤亡、促进公众健康和改善公共安全为重点;并将形成为所有旅客、货物和地区提供一个通达、经济、可靠以及足可以支撑美国经济发展的运输系统,作为提高运输机动性战略和促进经济增长战略的实施保障;在改善人类与自然环境战略方面,以保护和改善受运输活动影响的社区环境和自然环境为重点,而为了保障国家安全,美国运输部则强调通过确保运输系统能够保障客货运输安全,支持国家的安全战略;并把提高运输部对绩效和创新的管理能力作为提高政府部门管理绩效实现途径。与《美国运输部 1997—2002 年战略计划》相比,《美国运输部 2000—2005 年战略计划》在战略的目标体系和配套措施设计上更加完整。

3.《美国运输部 2003—2008 年战略计划》

《美国运输部 2003—2008 年战略计划》强调,为了全国人民的利益,未来美国交通运输发展的战略目标是:建立一个更安全的运输系统;建立一个更便捷的运输系统;建立一个更智能的运输系统。美国运输部认为,更安全是他们比以往任何时候都强调珍惜生命,减少事故;更便捷是因为他们要通过整合和简化流程来提高对资源的管理;而更智能是因为他们将更加强调效率、强调成果和强调责任。并提出了安全性战略、机动性战略、全球联通战略、环境保护战略、国家安全战略以及组织优化战略等六大战略,以建立一个安全、节约、高效、公平和环保的综合运输系统。

4.《美国运输部 2006—2011 年战略计划》

2006 年 10 月发布的《美国运输部 2006—2011 年战略规划》被定位为"美国国家发展的新思路"。该战略计划提出了既有继承性、又有创新性的六大战略:交通安全战略、减少交通堵塞战略全球联通战略、环境保护战略、国家安全、预防与反应战略以及组织优化战略。

其中，交通安全、环境保护依然是美国运输部关注的焦点，减少交通堵塞和强化国家安全、预防与反应两大战略目标首次被提升到了战略高度，这是美国政府部门审时度势、不断调整战略思路的体现。在这个战略中，美国继续把提高整个运输网络的安全作为安全性战略的重点，致力于提高国家和国际的交通安全水平；而为了实现减少交通堵塞的战略目标，美国把缓解大都市的拥堵作为工作的中心，并重点实行智能运输（ITS）计划，同时鼓励更多的社会机构发挥更大的作用；在全球连通战略方面，美国将通过开放国际运输市场和改善综合运输系统的衔接，提高美国国内和全球交通运输系统的效率，为美国经济发展创造全球连接的、更具竞争力、成本更低廉的市场环境；美国运输部的环境保护战略目标就是要降低交通带来的污染和其他负面影响，改善人们的生活环境，保护自然，寻求环境与安全高效运输网络需求间的平衡发展；而在国家安全、预防和反应战略方面，美国运输部强调要平衡运输安全与国家安全、机动性、经济发展需求间的关系，做好应对影响运输部门活力的紧急事件的准备；并通过形成有战略远见、卓越领导、以客户为中心的理念以及创造以团队精神、创新和持续改进为中心的文化氛围，来实现美国运输部组织优化的战略目标。

5.《美国运输部2012—2016年战略计划》

2012年7月公布的《美国运输部2012—2016年战略计划》，以“交通运输发展的新时代”为发展定位，指出美国正处于巨大挑战与机遇并存的时代，一种改革精神正席卷全国。人们除了公路以外，寻求新的办法和途径去实现人和货的运输，人们呼吁对公共交通、对高速铁路、对慢行系统的投资，呼吁政府为民众提供宜居的社区和服务。鉴于此，在《美国运输部2012—2016年战略计划》中，美国运输部提出了交通安全、保持政府对基础设施的良好维护、提升经济竞争力、发展宜居社区，以及促进环境可持续发展的5大战略目标。拉胡德部长提出，美国要建立一个既能应对新挑战，又把全国人民和社区需求放在第一位的交通系统，要求与政府、公众、个人投资者一起重新设计美国的交通系统，把它作为提高经济增长、追求梦想的手段。

6.《美国运输部2014—2018年战略计划》

《美国运输部2014—2018年战略计划》中确立了美国交通运输发展的定位是建设"新一代交通运输系统"，该版战略规划延续了上版战略规划中的安全性战略、良好维护战略、经济竞争力战略、社区生活质量战略和环境可持续战略，另外增加了组织卓越性战略、安全应急准备战略和其他支持保障战略。一是安全性战略：美国运输部认为，美国最首要的战略目标是把美国的交通运输系统建成世界上最安全的运输系统，将继续通过与机动车、民航、铁路、货车、公共汽车、管道和危险品的安全监督管理机构开展合作，尽可能减少交通事故和伤亡。二是良好维护战略：未来美国运输部将逐步推行资产管理系统，确保全国交通基础设施和设备在设计使用年限内能够良好运转，维持或提高可用性与可靠性。三是经济竞争力战略：美国运输部认为必须开展战略性投资，充分利用既有的多种运输方式的运输能力，另外还亟须在海外市场为美国交通运输相关装备和服务出口创造更多机会，通过促进交通运输相关政策和投资保持美国经济竞争力。四是社区生活质量战略：通过将交通运输政策、规划、投资与相应的住房和经济发展政策相融合，为人们提供更多样的交通运输出行选择、更便利的交通运输服务，美国运输部将通过进一步改善公共交通用户体验，加强步行道和自行车道网络建设，促进残疾人、老年人和低收入人群对公共交通运输服务的使用。五是环境可持续发展战略：交通运输行业在降低温室气体排放、提高能源效率和应对气候变化挑战方面发挥着至关重要的作用，未来美国将鼓励发展低碳型、集约型的交通运输，美国运输部将在减少交通运输产生碳排放和污染物排放方面，促进环境可持续发展政策和资金投入。六是组织卓越性战略：美国运输部将努力建立一个创新的、世界一流的组织，促进美国交通运输系统发展，满足美国的长期安全、社会、经济、安保和环保需求。七是安全应急准备和其他支持保障战略：美国运输部将通过制定有效的应急响应计划，并对管理者和急救员进行应急培训，将与国防部、国务院、国土安全部以及各州和地方相关管理机构开展跨部门合作，满足国家安全对于交通运输的需求，将为交通运输行业中的小微弱势企业提供更多发展机会。

7.《美国2045年交通发展趋势与政策选择》

2015年美国运输部发布了《美国2045年交通发展趋势与政策选择》，该法案未提出美国未来运输的战略发展方向，而是对美国未来在经济、社会、人口、气候、科技和资金等一系列要素可能的发展方向，对未来人口出行、货物运输可能带来的影响做了详尽的分析，并从如何出行、如何运输、如何更好地运输、如何应变、如何平衡决策与投资等方面提出了一系列政策措施供民众和政府选择。

（三）注重建章立制依法推进改革

美国推动交通运输改革，非常注重立法先行。从成立美国运输部，确定美国综合运输管理机构，到1991年冰茶法案以及1998年续冰茶法案的颁布标志着美国新的运输革命开始，以及这前后50年围绕各种运输方式充分发展而颁布的各类法令、政策，都是以庄严的法案，来确立综合运输体系建设的地位，有力推动了综合运输的发展。美国交通运输发展不同阶段及相关法律政策见表5-1。

美国交通运输发展阶段及相关法案政策　　表 5-1

年　代	内　容	形　式
20 世纪 40 年代—90 年代初	全面建设州际高速公路，努力发展各运输方式，放松运输业管制	有关法律：《运输部法》《联邦资助道路法案》《联邦机场法》《斯塔格斯铁路法》等
1991—2008 年	强调多式联运，重视运输质量提高、技术应用及环境保护	有关法律：《冰茶法案》《续茶法案》《露茶法案》等
2008 年至今	强调运输投资合理性和有效性，完善综合运输系统	有关法律或政策：《美国 2045 年交通发展趋势与政策选择》《国家运输方案》《美国新运输法案——在 21 世纪中前进》(MAP-21)等

第二节　日本交通运输改革与发展

一、日本交通运输改革发展历程

(一)第一阶段(1943—1975 年)

阶段特点：设立交通运输综合管理机构和道路公团，建立交通发展特定财源制度，鼓励各种运输方式从战后快速回复和发展，支撑经济社会发展。

1943 年，日本成立运输通信省，下设铁道总局、海运总局、汽车局、航空局、港湾局等专业机构，按照职能归类的思路将不同运输方式集中在一个部门进行管理，相对集中了交通运输行政管理，但并没有真正实现不同运输方式之间的统一协作和综合协调。1945 年，运输通信省改组为运输省。

1953 年，日本实行特定财源制度，根据这一制度，包括燃油税、汽车重量税等都作为公路发展的特定财源，这些税收的部分或者全部作为中央或者地方公路发展所需。中央投资资金主要由特定财源和一般财源组成，其中，特定财源为公路税目中的全部汽油税、50%的天然气税、部分汽车重量税等组成。一般财源为国家的一般税收收入中用于公路发展的资金。地方财政养护资金的主要来源柴油税、车辆购置税、地方道路税以及燃气税和汽车重量税中的地方分成、地方债券等。

1956年，为有效地筹集和利用民间资金，加强高速公路建设管理，促进高速公路的发展，日本制定了《日本道路公团法》。依据《日本道路公团法》，日本道路公团的资本全部由日本政府拥有，它是执行政府决策和规划的独立运作的机构，是以建设和管理收费公路为主要业务的特殊法人。其特殊性表现在，虽然它与私人法人一样具有自身的决策权，但是其业务活动的基本原则（包括经营目标、经营范围等）都是通过立法确定的，在发展计划、预算、收费标准等方面须由国家批准和监督实施。另一方面，对于这样一项公益性很强的事业，日本政府给予了免征法人税及政府担保等特权。依法，日本相继成立了4个道路公团，即1956年成立的日本道路公团、1959年成立的首都高速道路公团、1962年成立的阪神高速道路公团和1970年成立的本州四国联络桥公团。这4个公团是为了建设和管理收费道路而成立的半官半民的代行政府职能的法人机构，是受国土交通省（以前是受建设省）监督的公法人，国土交通省内设有专门的道路公团监督办公室。公团的主要领导人由国土交通省任命或认可，公团预算和计划须由国土交通省批准。公团行政上分总部、地方局和管理事务所三级。为进一步吸收和利用民间资金，促进地方干线公路建设，1970年以后，日本又陆续在都道府县及人口在50万以上的城市成立了30多个地方道路公社，这些公社都是以法人资格进行公路投资。

1960年，随着沿海工业地带的形成，以及迫于国外压力，日本政府逐步从“构建太平洋工业地带构想”转入“国土均衡发展”，制定了“全国综合开发计划”（简称“一全综”），针对交通发展滞后已成为工业发展的瓶颈制约问题，提出要形成全国干线交通大通道，宏观上解决“产业据点”和大城市之间的交通瓶颈现象。为此，日本政府制定了重点改善港口（包括工业港口）和主要交通干线道路的交通政策。国家重点投资扩建港口能力，改善港口设施和服务设施；同时集中修建了高速公路、电力机车铁路线，并着手建设东京至新大阪的新干线。这些措施对于解决交通“瓶颈”、促进国民经济迅速发展起了至关重要的作用。

1969年，日本制订了“新全国综合开发计划”（简称“二全综”），以“大型开发项目方式”推动新干线铁路网、高速公路网、航空网、大型港口等的建设，通过现代化的运输网络将工业地带和各个新产业城市的点连接起来，使日本国土开发从点的开发转向线和面的开发。

（二）第二阶段（1975—2000年）

阶段特点：受制于外部环境制约和自身提质增效发展需求，政府放松对运输的管制，加快发展高品质运输（如新干线、高速公路）。

1977年，在国际经济市场不景气以及国内追求高品质运输服务需求交织影响下，日本制定了“第三次全国综合开发计划”（简称“三全综”），以改善人居综合环境为主要目的，推进“样板居住圈”计划和“技术城市构想”。这段时期，人口和产业不断向城市聚集，能源、环境、空间对社会经济发展的制约进一步增强。交通运输业也相应开始从“少品种、大批量、少批次”向“多品种、小规模、高密度”的运输时代转变，高附加值的商品运输与国际联运、集装箱运输以及以配送为中心的物流业发展迅速。交通政策开始侧重于围绕解决交通发展瓶颈问题展开，力求改变集中在东京地区的交通干线体系，建立全国范围内的综合主干线结构和纵横交错的支线(包括陆地、航空和航海)交通网。

到20世纪80年代日本经济发生了很大变化,国际化程度迅速提升,1987年日本提出了"第四次全国综合开发计划"(简称"四全综"),开发方式定为"交流网络构想",构建"多极分散型"交通体系,在全国普及高速交通服务和高效物流服务,从过去的"点"和"线"的开发全面转向"面"的开发,确立了完善国际交通体系的战略构想。在此背景下,交通运输在行政体制方面学习欧美自由主义的政策,推进以放松管制为核心的改革,在国航、国铁中大规模推行民营化的改组与改造,围绕提高运输效率,不断强化综合运输体系的构建,将综合运输纳入国土资源综合开发的范畴,试图从全球化、信息化和国民福利化的角度建立综合的、可持续的与国民经济发展相适应的运输业。

相应地,管理体制也多次进行调整。在2001年成立国土交通省之前,运输通信省内设有铁道局、汽车交通局、海上交通局、海上技术安全局、港湾局和航空局,与交通运输有关的全部行业管理和大部分的规划管理、设施建设、政策法规管理和安全监督管理都由运输省负责,但公路的规划建设和公路交通管理则仍属于建设省的职责。

(三)第三阶段(2001年至今)

阶段特点:有力推进综合交通管理体制改革,大力提升综合运输服务质量和能力。

随着经济发展,人口老龄化与出生率的降低,以及远程办公、电子商务、信息技术的快速发展,使得社会对交通需求的增长大大减缓。同时,交通事故、交通拥塞、汽车排放污染等,受到社会特别是大都市的居民的普遍关注,推进综合运输体系建设,使人流、物流更加通畅和顺达,变得更加突出。2001 年,运输省、建设省、北海道开发厅、国土厅合并为国土交通省,交通、国土、建设、水利、旅游、气象等诸多业务职能集中放置在国土交通省统一行使,大大整合了交通业务,提高了行政效率。

2005 年,日本政府对道路公团进行了民营化改革,将道路公团改制为高速公路企业,由企业按照市场的模式经营管理高速公路,进一步释放市场活力和提高经营服务效益。

2008 年颁布第六次全国《国土形成规划》,提出交通产业的政策目标:进一步建设综合性的国际交通体系,实现与东亚国家更加迅速和畅通的一体化交通,使日本成为东亚与世界连接的纽带;让各广义地区不通过东京就可以与东亚乃至全世界进行直接交流;促进广义地区之间的交流与合作,并创建极强防灾及灾后重建能力的干线交通体系;建设作为城乡生活基础的地区交通体系等。

2014 年,日本政府发布《日本 2050 年国土构想》,提出加强区域合作、建设紧凑型城市、创造社会参与和社会支援的城市、打造世界领先的国际经济战略性城市等四大愿景,旨在将交通建设与国土基础设施规划建设相互融合,完善国民生活环境,打造安全、安心、快捷、无障碍交通体系,同时重视应对重大自然灾害的交通应急保障体系建设。

二、日本交通改革发展主要做法

(一)以管理体制改革推动交通运输发展

不同运输方式由多个部门分别管理、分割的行政管理体制不利于运输资源的优化配置,要实现综合发展,必须打破管理分割,在体制上构建大交通管理格局。

从 1943 年建立运输通信省到 2001 年成立国土交通省,日本交通管理体制改革不断深化,实现了由分散到综合的发展变革过程。

2001年改组前的1府22个省厅在机构改革中被精简成1府1委12省厅。其中,建设省、国土厅、运输省、北海道开发厅合并而成国土交通省,业务范围包括国土计划、住宅、道路、河川、都市、港湾、政府厅舍营缮的建设与维持管理等,既管辖全国的航空、海事、铁路、公路等所有交通运输部门,还担负着国土资源的利用、整治和国家建筑等工作。此次机构调整的主要目的在于通过畅通交通管理体制,使长期以来成为协调难题的铁路与公路的立体交叉、高速公路与机场和港口的衔接等问题能够得到顺畅的解决。

目前,日本交通运输实行纵横结合、以横为主管理体制,总体上加强了对全国交通运输的规划、建设和管理。国土交通省从总体架构上看,包括本省和外局。本省下设内部部局、审议会、设施等机关、特别机关和地方分支部局,外局设立观光厅、气象厅、运输安全委员会、海上保安厅(图5-2)。

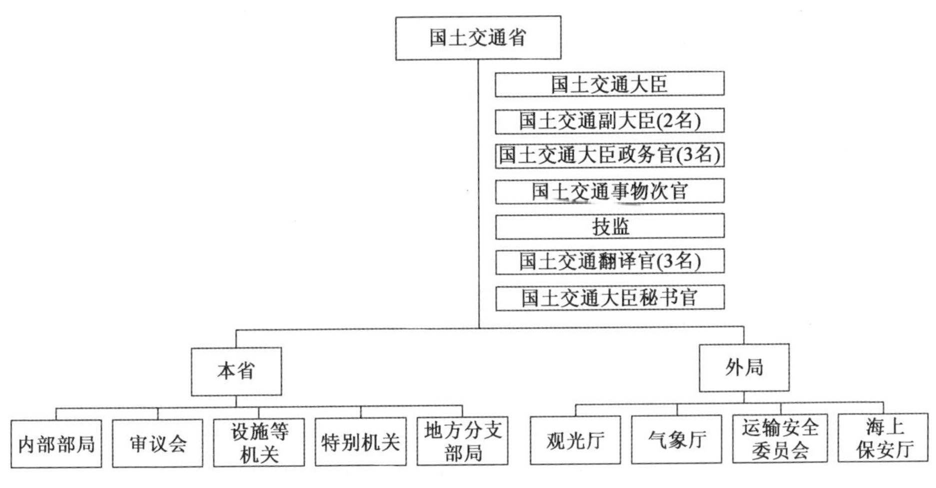

图5-2　日本国土交通省组织机构图(2011年7月)

内部部局是本省中的核心部门,由16个职能部门组成(图5-3);审议会包括中央建设工事纷争审查会、中央建设业审议会、土地鉴定委员会、国土开发干线自动车道建设会、独立行政法人评议委员会、国土审议会、社会资本整借审议会、交通政策审议会、运输审议会;设施等机关包括国土交通政策研究所、国土技术政策综合研究所、国土交通大学校、航空保安大学校;特别机关下设国土地理院和小笠原综合事务所、海难审判所;地方分支部局有5个,分别为地方整备局、北海道开发局、地方运输局、地方航空局、航空交通管制部。

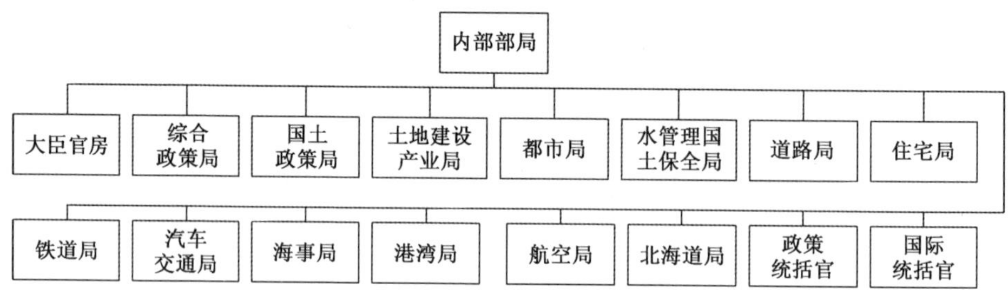

图5-3 日本国土资源省本省中的内部部局

目前,国土交通省中行使行政管理职能的部局主要有本省内部部局下设的16个部门和外局下设的4个部门,其主要职能见表5-2。

日本国土交通省主要管理部门职能　　表5-2

部　　门	主 要 职 能
综合政策局	制定综合基本政策;解决环境保护问题;促进信息技术革命;解决出生率降低,人口老龄化和残疾人带来的问题;提高公共运输系统的便利性;支持相关产业发展;促进居民住宅的供应;发展旅游业;促进海事发展;促进日本各行业开展国际活动;保障国家安全
国土政策局	负责国家的规划的同时,也负责部分城市的规划
水管理国土保全局	改善土地市场条件,满足不断变化的需求;促进未使用土地和使用状况不佳土地的利用;通过界定每片土地的边界,促进基础设施和不动产交易;实施综合利用水资源措施;制定实施洪水控制和水资源利用措施;保护和恢复内河环境的风景和自然风貌;防止沉积危害

续上表

部　门	主 要 职 能
汽车交通局	掌管与汽车相关的登记、货物运送、安全对策、环境保护、维护等事宜。汽车因生产上缺陷等的回收事宜同样由该局掌管
都市局	重建充满生机活力的城市;建设多样化的社区
道路局	建设主干道网络;建设信息社会的基础;重建城市,实施交通运输需求管理措施;建设一个畅通无阻的社会;促进综合运输;建立一个安全、环保和有吸引力的运输系统;解决公路运输的环保问题;提高公路运输的安全性
住宅局	管理住宅和其他建筑。满足住宅多样化需求,提高生活质量;提高建筑建设质量,确保安全和舒适的居住环境
铁道局	负责建设高速铁路;发展城市铁路;减少运输障碍,提高客户利益
海事局	发展海洋运输,保证基本生活;建立严格的船舶建造标准,加强营运船舶的检查;培养海事人才,支持海洋事业
港湾局	建立有全球竞争力的物流网络;建设保护生活环境的港口;创建一个环保的港口地带;创建一个安全的生活环境
航空局	负责检查飞机、飞机设备;提高旅客便利和航空运输服务
北海道局	制定和实施北海道综合发展规划;制定发展北海道项目预算;监管日本发展银行;促进邻近北方地区发展
政策统括官	掌管国土交通省的政策课题中的综合交通体系维护、货物流通政策、政策评价等事宜,并注重与各相关人士进行沟通协调
海上保安厅	维持秩序、维护海洋安全、海难事故救助、防止海洋灾难,保护海洋环境、国内与国际协作
气象厅	负责日夜观测台风、暴雨、地震、海啸和火山活动等自然现象。负责用天气预报和警告等适时方式防止灾害,保证交通安全,促进社会和经济活动。向相关政府部门,当地公众团体和新闻媒体等提供地震,海啸和火山活动等信息

日本进行体制改革的目的，是为了达成在重大问题上决策的高效性，能使日本国土资源得到最有效的综合利用，最大限度地合理布局海陆空立体空间和各种海洋、土地资源等。结合日本交通发展实践，大部制改革的深入推进，有助于各运输方式间的衔接、优化与协调，进一步提高了行政效率。

(二)着重交通发展与国土规划统筹协调

纵观日本交通运输发展历程，以及日本各经济发展时期具体的交通运输政策，可以看出，交通运输政策随着人口、经济、社会发展阶段的变化而不断进行着调整，而其中尤为重要的是交通政策必须与国土规划的理念紧密结合起来。交通体系建设于国土资源之上，既要符合国土的整体发展规划导向，同时也会对国土开发形成一定引导作用。

20 世纪国土大开发时期，日本的交通政策主要致力于硬件设施建设和交通方式的完善，政策重点放在数量扩张上。进入 21 世纪以后，随着日本人口的减少、经济增长平稳、资源环境约束的加强，国土发展的理念更加注重于国土的集约利用、综合开发，交通政策导向也开始转变，重点放在质的提升上，强调以人为本，大力倡导安全环保、快捷舒适以及对弱势群体的照顾。

2001 年实行的大部制改革为其国土规划及其他相关规划的彻底转型提供了行政基础，由运输省、建设省、国土厅以及北海道开发厅合并成立的国土交通省就是负责制定这次最新国土规划的责任行政机构。

2008 年《国土形成规划》综合交通的具体指向性更加明显，要为支持多元化广义地区的自力发展和为国民提供稳定可信、畅通无阻的交通、信息服务。

(三)构建完善的法律法规体系保障发展

日本一直坚持法制先行,在交通运输方面的法律法规相对比较完善。国家每隔三年会把相关领域的法律汇编成集,称之为“六法”。其中,与交通运输相关的法律集中体现在国土交通六法中的社会资本整备编、国土编和交通编三部分。其中,社会资本整备编主要包括国土利用的综合体系、开发及保全、社会资本整合的整备、交通政策推进等法律;国土编涵盖了国土形成计划法、国土关系法令、都市再生特别措施法及与自然保护、海岸、良好景观、环境保全等相关法律;交通编则主要包括交通政策、观光、货物流通、铁道、机动车交通、海事港湾、航空、海上保安、气象、海难审判、行政组织及其他。每种运输方式又可以各自形成独立的六法,如铁道六法含铁道事业、铁道营业、设施与车辆、安全、铁道整备、国铁改革等诸法;交通小六法则以道路交通法为中心,涵盖道路法、道路运送车辆法、道路运输车辆法之交通关系等内容;还有港湾六法、机动车六法、航空六法等。依据这些法律,日本政府还会制定相应的法令,实现交通运输全面、严格的管理。

日本交通运输法律的另一特色是有完备的相关组织法,从而使每个组织、职位、预算、决算、计划、立项、建设及市场运营等内容都有法律根据。在机构改革的时候,首先通过相关的法律,据此为每个职位制定规则(权利、义务、责任、范围、赏罚等)。因此无论是日本国铁的民营化改革还是日本道路公团的民营化改革,都是在有完善的配套法规体系支撑下开展的。如为了配合日本道路公团民营化改革的需要,日本政府专门出台了四部关于道路公团民营化的法律,包括高速道路株式会社法、高速道路保有债务偿还机构法、与道路公团民营化相关的道路关系发展法等,其内容涵盖了债务的分配处置、改革后各机构的主要职责、彼此之间的关系如何处理、已有高速道路应如何管理、新建高速道路将如何实施等内容,从而为改革的顺利推行和目标实现提供了坚实的保障。

2003 年,日本政府开始着手制定交通基本法,其出发点是随着社会的进步和提高,人们对交通、移动、出行提出了更高"基本权利"的要求,国家要保障全社会所有人的交通移动权利。该法是在原有各种交通运输法律的基础上打通各种运输方式的法律,主要考虑了以下几方面问题:(1)保障公民自由移动并提供完善的交通安全保障和救援措施;(2)强调整体性,完善交通网络;(3)降低环境负荷,确保可持续发展。

第三节　英国交通运输改革与发展

一、英国交通运输改革发展历程

英国以综合运输管理体制变迁为主线,发展大致可划分为 3 个阶段:

(一)第一阶段(1919—1952 年)

阶段特点:政府对交通运输管理比较松散,道路运输得到快速发展,铁路的垄断地位被打破。

经历过第一次世界大战以后,英国的经济受到了严重创伤,尤其是英国的造船、海运业损失重大。为了加快战后复苏,缓解政府财政压力,英国于 1919 年推出《运输部法》,将政府其他部门与交通运输有关的事务全部移交给新成立的运输部,英国交通运输在历史上首次实现了铁路、水运和道路三种运输方式的整合,具体包括:铁路、轻轨、电车、运河及内陆水道、道路、桥梁及渡口、车辆及相关交通、海港、码头及防洪堤。尽管运输部很快在 1921 年失去了对铁路和水运的管理权，但这仍然是英国最早的综合运输管理机构，为英国综合运输的发展打下了基础。

1941 年，运输部与海事部合并，成立战时运输部。1946 年第二次世界大战战争结束后，又恢复了“运输部”的名称。之后，运输部不断加强公路、铁路等的管辖权，运输部职责不断扩大。在这一时期，英国的运输方式由主要依靠铁路为主向铁路和公路平衡发展转变。尤其是机动车数量的激增，日益削弱铁路的垄断地位。为了使道路运输与铁路运输平衡协调地得到发展，1933 年英国实行控制运输能力的执照制度，限制持有营运执照的专业运输企业的车队规模和经营范围。

1947 年，工党政府实行公共服务国有化政策，在运输法案中，提出把水运港口码头、公共汽车行业、汽车货运业和铁路运输业国有化，所有的运输方式由英国交通委员会（BTC：British Transport Commission）统一管理，其目标是建立一个集中管理规划的国有化综合交通运输体系，促进不同运输方式之间的合作协同。

（二）第二阶段（1953—1997 年）

阶段特点：构建真正的综合交通管理机构，推动实施交通私有化改革，交通发展开始着重环境保护。

1953 年，英国运输部通过整合，逐渐涵盖管理道路交通、铁路运输、民用航空运输和海上运输四大运输方式，首次实现了四种运输方式的综合管理。随后在国家有意推行大部制的背景下，不断增加政府职能，分别于 1983 年 7 月接管了商务部中有关海上及航空运输的所有职能，包括对国家航空业、机场、国内空运及民航、水运、领航、海岸警卫队及海洋污染的管理；于 1984 年接管了伦敦运输管理的职能；于 1985 年又接管了原民政厅负责的出租汽车及私人租用汽车的监管职能。运输部的职能范围越来越大。

1979 年撒切尔政府上台,大力推行经济私有化改革。对于交通运输来说,这一时期也是政府放松管制,交通资产私有化进程的主要阶段,通过私有化发展,大大释放交通发展的能量,唤醒了交通运输的活力。

（三）第三阶段（1998 年至今）

阶段特点:引入可持续发展、协调发展、绿色发展等现代综合运输理念,推行一体化交通运输管理体系。

自 1992 年以来,英国经济经历了 150 多年来最长的持续增长时期,在通货膨胀、利率和失业率等方面都保持了较低的水平,也使英国成为欧盟中最强的经济体之一。这一阶段,机动车运输得到了空前发展,私家车的广泛普及引发了越来越多的社会经济问题,包括交通安全、交通拥挤、土地资源紧张、空气污染、噪声、全球气候变暖、能源消耗急剧增长等,这些问题成了制约社会经济发展的难以解决的瓶颈问题。为解决这些问题,以系统优化、全面需求满足、环境发展、人性化观念的大系统协调理念等为特点的现代交通运输理念应运而生,进一步强调交通运输与环境和人们生活的协调发展和可持续发展。

1998 年 7 月,英国运输部颁布了《英国运输新政:新世纪综合运输白皮书》,指出英国的交通运输管理已不单纯是融合多种运输方式的综合交通运输管理,而是广义的一体化交通运输管理体系,即交通与政府的经济繁荣、环境保护、健康和社会教育公平的共同发展。1999 年英国交通部设立一体化交通委员会,该委员会是一个为政府提供综合运输政策的独立机构。

2000 年 7 月,英国运输部颁布了《英国 2000—2010 年交通运输发展战略:10 年运输规划》,为长期交通运输的可持续发展制定了较为具体的战略方针,主要包括:计划 10 年内投资 1800 亿英镑解决运输投资不足问题，其中涉及80多个重点计划项目；改善交通基础设施，利用新技术建设现代化、高效率和少污染的运输系统；在保障运输系统机动性、畅通性的同时，提高运输安全质量和社会生活质量；实行运输一体化新方案，加强多式联运等。该规划标志着英国过去几十年对交通只有间断性投资和短期计划行为的结束。

在管理体制上，自从1997年工党政府执政以来，先是把交通部和环境部合并成一个新的环境、交通和区域部门（DETR），随后又把部门改名为交通、地方政府和区域部门（DTLR），2001年又将交通、地方政府和区域部门（DTLR）整合为英国运输部并延续至今。

二、英国交通改革发展主要做法

（一）不断深化交通管理体制改革

英国现行的交通管理机构是2002年6月成立的运输部，由环境保护、交通运输管理以及地方事务3个部合并组成，如图5-4所示。组织结构上，运输部设大臣正副4人，均为国会议员，其中3位副职一人分管铁路与公路、一人分管民航和水运，另一人分管伦敦地区的运输与道路安全。下设管理委员会及秘书，主管运输部日常事务。运输部内部共设5个局（办），分别是：国内事务局，国际、战略与环境局，私营企业合作局，重要项目与伦敦区事务局，私人办公室等5个局（办），共同负责综合性交通运输发展政策的研究和制定。在运输部下，英国政府在各部之外设立了若干执行机构，专司行政执行职能，负责向社会提供高质量的服务。

英国在部门的设置上，并不是传统的按照运输方式来划分部门，而是按照运输服务涉及的范围来划分的，每一个部门包括两种或两种以上的运输方式，包括：国际运输网络和环境部（航空和海运，也包括陆地运输的安全）、国家运输网络部（铁路和高速公路）、城市和区域运输网络部（不指定具体运输方式），这有利于在不同的区域和服务范围内一体化运输政策的制定和各种运输方式的综合发展。不是所有的运输方式都是同等对待的，公路运输处于较为重要的地位，单独设有一个高速公路局，另外还有一个机车和货运服务部，下属的5个执行机构都与公路运输相关，这与其国情是相符合的，英国是最早进行工业化的国家，经济处于较高的水平，小汽车是他们主要的交通工具，所以公路运输是最应该重视的。

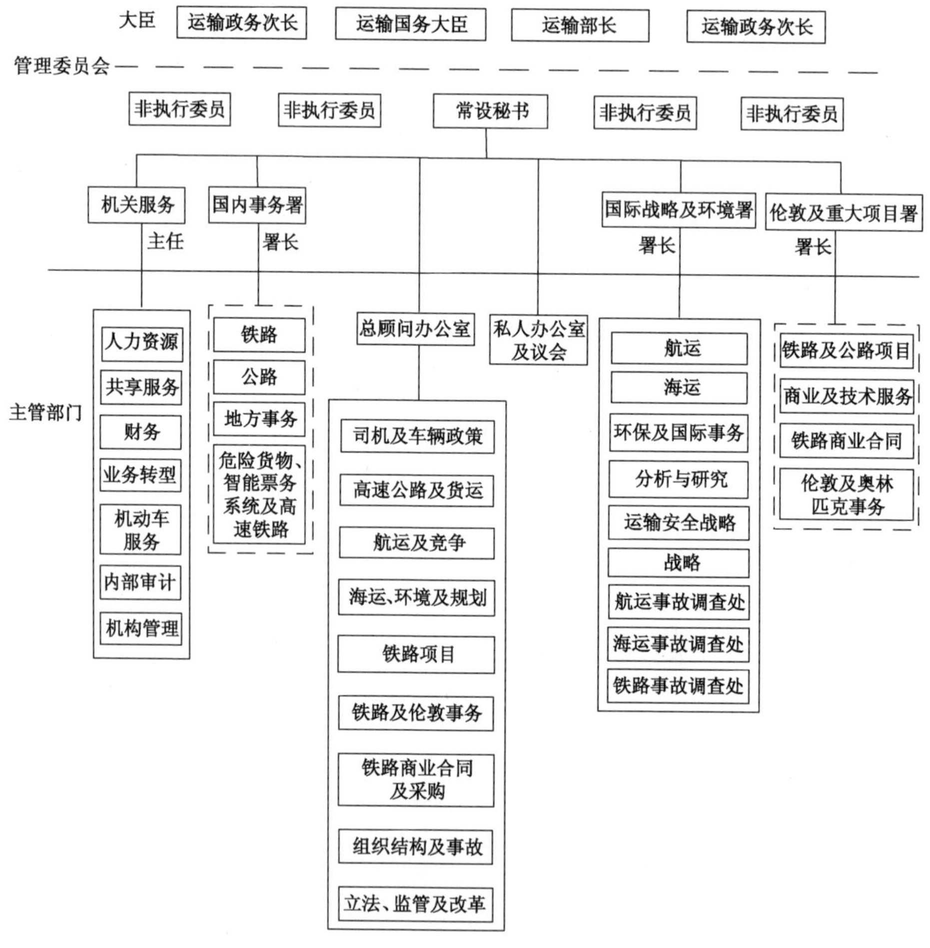

图5-4　运输部部门组织机构图

(二)强化交通运输发展制度保障

英国非常重视运输政策和相应的法律法规的制定,在每一个时期根据不同的交通问题,出台不同的交通运输政策白皮书,总结问题,制定战略,出台法律。1919 年推出《运输部法》,将政府其他部门与交通运输有关的事务全部移交给新成立的运输部;1992 年,颁布铁路白皮书,强调铁路在节能减排、运输效率较公路运输的优势;1997 年颁布《公路交通削减法》,开始以法律手段限制公路运输;1998 年 7 月,英国运输部颁布题为《运输新政》的综合运输白皮书,并相继制订了一系列综合考虑土地利用、资源与环境负担和一体化问题的运输政策与法律文件;1998 年 7 月,英国政府颁布的《解决交通问题的新手段:方便所有出行者》交通政策白皮书中提出,交通一体化是英国政府交通可持续发展策略的核心部分;2000 年 7 月,英国运输部颁布《英国 2000—2010 年交通运输发展战略:10 年运输规划》,为长期内交通运输的可持续发展制定了具体的战略方针。

此外,英国还注重通过税收政策促进各种运输方式的协调发展。根据税法规定,铁路战略规划局(SRA)执行政府政策的相关业务、特许经营权管理以及拨款准备金等法定业务可以享受免税政策。如在 2003 年 3 月 31 日结束的纳税年度以前,铁路税收费用为零;在 2003 年 3 月 31 日结束的纳税年度以后,铁路企业的公司所得税标准税率是 30%。与此形成对比的是对公路运输征收车辆营业税、燃料税、特种汽车税等各项税收。通过税收政策的倾斜,适当地调节了各种运输方式之间的竞争,促进运量向铁路转移,而且可以减少公路运输带来的尾气污染。1997 年 5 月英国工党政府上台,为了制止航运业的下滑态势,增强英国海员的就业前景,并继续保持英国商船在整个国家安全机构中的重要地位,英国政府采取措施扶持海运业的发展,船舶吨税制是其中重要的一项成果,大大减少了企业的税赋,增强了企业的竞争能力。

第四节 启示借鉴

一、在体制保障上推动建立大交通管理体制

通过考察国外交通发展实践历程,可以看到,交通运输改革发展相应地都经历管理体制不断改革发展的过程,具体来说从各种运输方式分部门管理发展到全部运输方式统一管理,进而涵盖对交通、国土、安全、环保等经济社会发展的综合管理,这种融合过程,适应了经济社会发展对交通运输各种方式在发展规划、行业管理、资源利用与整合、环境保护、安全监督等方面的协调需要。当前,世界上90%的国家都采取了综合运输管理体制,其中日本、德国等发达国家甚至采取了超越交通领域更为广泛的管理体制。我国应进一步深化综合交通管理体制改革,建立各种运输方式紧密结合的综合运输管理体制,并进一步建立运输、国土、规划、环境等相关部门的协调机制,实现各种运输基础设施规划、建设和相关的环境保护的协调,保障综合运输体系的协调和可持续发展。

二、在政策保障上着重综合运输政策的统筹

在交通运输政策制定方面,国外发达国家都非常重视多种运输方式的配置问题,并将能源和环境因素纳入规划考虑因素,关注交通规划与城市规划、区域规划的结合,促进经济空间布局的合理化;同时,考虑多方式衔接等问题,体现了以人为本。我国早在"九五"计划纲要中就提出了"加快综合运输体系的建设"的建议,在后续规划中都旨在"统筹规划、合理布局交通基础设施,做好各种运输方式相互衔接,发挥组合效率和整体优势,建设便捷、通畅、高效、安全的综合

运输体系”。但是,目前我国仍缺乏一个统一的、规范的、主体明确且操作性强的综合运输政策,用来指导我国综合运输体系的发展。通过借鉴国外发达国家经验,结合本国国情,应研究制定统一的综合运输政策,涵盖交通、国土、安全、环保等各领域,才能有效保证各种运输方式在发展规划、行业管理、资源利用与整合、环境保护、安全监督等方面的协调发展。

三、在法制保障上建立完善的法律法规体系

在法制保障方面,国外发达国家完善的法律体系为交通运输的发展提供了法律保障,值得我国借鉴。我国综合运输发展亟须完善的法律监控体系,以法律法规的形式对综合运输体系发展的执行机制和保障体制进行规定,在法律、管理和制度方面给出一个明确的执行框架,明确政府的职责和权限,避免缺位或越位。同时,从项目的立项、规划、实施和评估均提供完善的保障体系,给出保障综合运输体系发展的阶段性工作计划和实施步骤。

四、在管理理念上树立可持续交通发展理念

把握交通运输发展规律,坚持“以人为中心、可持续发展”的交通发展理念,是国外交通运输系统管理的宗旨。国外发达国家的交通法律和交通政策都充分体现了这一理念,强调要重点完善交通运输基础设施,尤其要注重残疾人、老年人以及边远部落民族等社会弱势群体和特殊群体的交通需求。交通法的主要规则中都充分体现了“以人为本、安全为重”的理念,强调行人优先规则、交通让行规则、校车优先规则等。目前我国在综合交通发展理念方面,需要进一步落实以人为本的精神,将可持续发展理念贯穿交通运输改革的始终。

第六章　推进交通运输全面深化改革的思路方向

实施全面深化改革，加快构建与交通强国相适应的治理体系，推动实现行业治理现代化，促进行业转型升级高质量发展，是交通运输行业今后保持定力，久久为功来抓的一项长期性、系统性战略任务，关键是要坚持问题导向、目标导向和结果导向，围绕"大部门"管理改革、"大资源"统筹优化、"优服务"改革创新、"高质量"发展升级、"强保障"政策制度等方向，全力化解行业发展中的突出矛盾和问题，持之以恒朝着改革目标奋斗前行，以发展实绩和成效为准绳检验改革成效。

第一节　实施"大部门"管理改革

综合交通运输发展是交通运输发展的必然趋势，是交通运输全面深化改革和治理能力现代化的重要内容。立足于构建权责清晰、统筹管理、监督有力、运转高效的综合交通运输管理模式，明确综合交通运输改革的需求和发展方向。

一、完善综合交通职责体系

加强横向职能统筹。整合优化分散在部门间的交通运输职能，理顺交通与发改、财政、住建等部门的关系，由交通运输部门统筹管理交通运输政策、规划、设计、建设、运营、管理、服务、应急等职能，加快形成“综合交通”“一省一交”“一城一交”的大交通管理体制。尽快出台全国性的综合交通运输管理体制改革的指导意见，积极争取地方政府支持，指导推进地方综合交通管理体制改革。

完善内部管理分工。进一步理顺交通运输部与部管国家局关系，明确交通运输部统筹负责综合交通运输体系建设发展的战略、规划、政策、法规、标准等各项工作，国家铁路局、国家民航局、国家邮政局具体负责铁路、民航、邮政等各专业领域的建设、运营、管理及组织实施。真正做到《国务院机构改革和职能转变方案》要求的“一件事情原则上由一个部门负责”。

理顺纵向管理职责。为推进综合交通运输统筹高效管理，需理顺纵向管理职责，建立分工明确、权责明晰、相互制衡的行政运行机制，推动决策、执行、服务与监督职能相对分离，决策层主要负责规划、政策标准制定和监督协调等，执行层重点负责行政执行、运输市场监管和执法等，服务层主要为行业企业、经营业户、市民提供相关服务事宜等，监督层主要是接受来自服务对象的意见并反馈到管理各环节以不断改进工作。通过构建决策、执行、服务、监督权利分离管理体制，可实现权力的科学配置和规范运行，大大提高综合交通运输管理的专业化水平，使决策更科学、执行更迅速、服务更高效。

二、推动发展规划统筹一张图

尽快出台《综合交通运输规划法》，建立一整套科学的、涵盖各种运输网络的规划制度，明确综合交通运输规划的职能部门、规划原则、规划制订和报批程序、规划评价标准等。

梳理制定综合交通运输规划标准，按照构建综合运输体系的要求，吸取现有专项规划编制办法、标准等经验，稳步推进综合交通运输规划编制标准规范制定工作。

建立综合交通运输规划编制协同机制，做好综合交通运输规划与经济社会发展规划、城乡规划、土地利用规划、生态环境保护规划的衔接。统筹推进跨省市的重大基础设施项目审批和立项工作，确保前期工作同步推进，合理安排建设时序，共同推动规划同步实施。

三、统筹设施建设衔接一体化

做好一体化论证设计，在综合通道及综合交通枢纽建设的前期，做好相关论证设计，尤其是涉及综合通道中公铁两用桥共线设计、综合交通枢纽中不同运输方式换乘、换装等问题的设计，要做好规划建设设计的对接工作。

完善建设标准规范，加快推进综合交通基础设施建设，建立复合通道在设计、施工过程中的标准指南，规范复合通道在建设过程中技术指标、验收指标，研究制订综合客运枢纽和货运枢纽（物流园区）建设、管理及服务等的标准规范和技术指南。

加大建设支持力度，加大对综合通道、复合通道、枢纽场站建设资金和政策支持力度，支持有关省份加强跨大江大河的公铁两用桥梁建设。突出枢纽场站社会公益属性，明确枢纽场站用地优惠政策，简化用地审批手续。积极引进民间资本进入综合交通枢纽建设，改革现有枢纽投融资体制。

四、建立健全综合交通协调机制

建立综合交通运输发展部际联席会议制度。成员主要有交通运输部、国家发改委、财政部、住建部、自然资源部、生态环境部、公安部、商务部、海关总署、国家市场监督管理总局等涉及综合交通运输发展的有关部门，定期召开部际联席会议，制定年度综合交通运输部际联席会议方案，协调解决综合交通运输日常工作中相关问题及综合交通运输发展重大问题。

建立部与部管国家局工作例会制度。交通运输部与国家铁路局、国家民航局、国家邮政局等部管国家局建立月工作例会制度，研究商定近期和远期的工作目标、重点任务、工作措施，促进各种交通运输方式融合发展，共同推进综合交通运输发展。

建立区域综合交通运输协调机制。围绕“一带一路”倡议以及长江经济带、京津冀协调发展等重要发展战略，由交通运输部协调，建立若干涉及国家重大区域发展战略的地区综合交通运输协调机制，以促进区域间综合交通运输政策、标准的一体化，加强规划、建设、运营、监管等方面的协作，实现区域间各类运输资源的优化整合。

第二节　推动“大资源”统筹优化

优化发展结构、优化资源配置是转变发展方式、实现高质量发展的主要途径和重要任务，可有效解决发展不平衡、有效供给不足、效率不高等发展问题。

一、优化区域交通布局结构

交通运输是实施“四大板块”和“三大战略”的先行领域。通过交通先行和优化交通基础设施区域布局，促进区域协调发展，支撑和引领经济社会大发展。

推进京津冀交通一体化，促进区域社会经济协调发展。破除行政体制机制制约，从区域层面制定京津冀协调发展的综合交通规划，加快构建以公共交通网络为先导的区域一体化发展格局。大力推进城际、城轨交通一体化，加快都市圈、城市群快速、便捷、高效、安全、大容量、低成本的交通运输网络形成。打破区域壁垒和分割，推进交通运输资源共享、信息互联，在区域内形成高效的交通管理体系，实现基础设施网络化、运输市场一体化、运输服务便捷化,推进区域运输标准规范统一。

推动"一带一路"互联互通,促进沿线开放交流。实施"一带一路"关键是要打造交通节点和推进交通服务一体化,促进沿线扩大对外开放与交流合作。大力推进国际陆上运输大通道建设,积极拓展国际航空网络,加强海上丝绸之路战略支点建设,完善海上战略通道,加快构建联通内外、安全通畅的陆海空国际战略通道网络。加强中国与沿线国家交通运输互联互通和通关便利化,完善国际交通合作机制,促进运输服务的国际化和一体化。积极培育过境班列运输服务市场,积极发展国际运输服务贸易。

加快长江经济带综合立体交通走廊建设,为产业转移协调东中西发展创造条件。充分发挥交通对城镇空间格局、产业集聚、人口流动等方面的引导作用,加强长江干线航道升级改造与系统治理,加快建设沿江和连接南北的铁路、公路大通道,加快形成长江上、中、下游机场群,为打造中国经济新支撑带提供交通运输保障。加快上海国际航运中心、武汉长江中游航运中心、重庆长江上游航运中心和南京区域性航运物流中心建设,增强综合性枢纽的集疏运功能和生产要素的集聚效用。深化交通运输市场监管和定价机制改革,逐步建立区域性统一交通运输市场体系,进一步降低社会物流成本。

二、优化交通内部资源配置

根据各种运输方式比较优势和区域特点,大力优化交通基础设施结构,强化薄弱环节建设,促进各种运输方式衔接,加快构建结构合理、功能完善、衔接顺畅、联通内外的综合交通基础设施网络。

完善综合交通政策体系。明确交通运输事权划分,进一步理顺交通运输部门与发改、住建、国土等部门关系。加强综合交通运输战略、规划、法规、标准、资金、信息等深度融合统筹,完善综合交通运输管理体系。构建中央、省、县(市)三级政府间科学规范的交通运输职责体系。

充分发挥各种方式比较优势。要尽力而为,量力而行。突出铁路运输骨干作用,重点加强中西部地区干线铁路建设,加快城际(市域)铁路建设,在有条件的大城市鼓励发展城市轨道交通,满足不断增长的快速、大运量的运输需求。面向不断增长的高端化、差异化出行需求,优化民航航路航线网络结构,加快重点航路大容量空中通道建设。加快城乡区域交通一体化建设,消灭等外路和未铺装路面路段,推进基本公共服务均等化。发挥水运低成本、环保、运量大优势,加快国际航运中心和集装箱干线港口建设,大力推进区域港口一体化发展,大力发展内河航运。

大力发展综合性枢纽节点。加强重点枢纽港口、物流园区、综合客运枢纽及其集疏运配套设施规划与建设,促进交通运输网络点(港、站)、线(通道)、面(网布局)衔接与协调发展。

优化区域客运运力结构。建设快速化的区际和城际客运服务系统,大力发展以铁路客运专线为主体的大容量、快速捷运系统;加快优化公路班线客运结构,逐步减少800公里以上长途客运班线数量,鼓励探索长途客运班线接驳运输模式;进一步优化空域资源,调整完善航路网络布局,优化繁忙地区航路航线结构和机场终端区空域结构。

三、积极推进联程联运发展

积极推进联程联运系统建设,重点引导"空铁联运""公铁联运"和"空巴联运"以及机场异地候机楼等旅客联运服务发展。打造立体化综合客运枢纽,实现多种运输方式换乘设施空间布局一体化布置,缩短换乘距离,方便旅客换乘衔接。统筹整合货运站场资源,规划建设具有多式联运功能的综合货运枢纽(物流园区),鼓励发展先进适用的多式联运技术装备，探索创新多式联运组织模式。

发展"互联网+"运输服务新业态，加强互联网与运输服务的深度融合，实施"互联网+运输服务"行动计划。积极抢抓"互联网+"带来的新平台、新机遇，促进交通运输信息资源的开放利用，发展共享经济，将基于互联网的运输服务新业态打造成为行业转型升级的新增长点。通过信息整合实现全国交通一盘棋，建设全国互通共享的"一张网""一片云"和"一个中心"，实现各种运输方式信息系统间互联互通和信息资源的综合利用。

四、资金预算安排统筹一盘棋

按照加大预算统筹力度、实施全口径预算管理改革的精神和要求，将各种交通运输方式的部门预算纳入交通运输部预算范畴内，真正实现"一个部门一本预算"，统筹各种运输方式资源配置，强化预算调控作用，科学、全面编制预算，统筹涵盖建设、管理、运营、养护、债务等方面，做好预算执行，硬化预算约束，服务决策管理目标。

健全预算标准体系，加快研究推进项目支出定额标准体系建设，进一步完善公路、水路、铁路、航空、邮政基本支出定额标准体系，充分发挥支出标准在预算编制和管理中的基础支撑作用。加强人员编制管理和资产管理，完善人员编制、资产管理与预算管理相结合的机制。

探索设立综合运输发展专项资金，参照铁路发展基金、民航发展基金、车辆购置税和港口建设费，探索设立综合交通运输发展专项资金，为促进各种运输方式有效衔接的综合运输枢纽和多式联运等发展提供资金保障。鼓励各地交通运输部门统筹运用各种财力资源，设立综合交通运输发展资金，积极利用地方政府一般债券和专项债券，加大对综合交通运输基础设施建设的支持。

第三节　深化“优服务”改革创新

围绕积极转变政府职能，推进服务组织模式创新，提升管理服务水平，进一步实施深化改革，着力解决政府监管服务效率不高、运输服务需求个性化多元化、运输服务品质待提升加强等问题。

一、加快政府职能转变

加快政府职能转变。正确处理政府与市场、社会的关系，制定政府权力清单、责任清单，完善交通运输行政决策、执行、监督制约协调机制。加强公共服务职责，建立交通运输部门向社会力量购买服务目录。加强市场监管职责，完善强制性标准体系加强对安全生产、工程质量、环境保护、服务质量等方面的监管。应用信息化等手段创新监管方式，推进监管信息的归集和共享。

加快推进法治政府建设。完善综合交通运输法规体系，发挥法治在综合交通运输体系建设中的引领和规范作用。健全交通运输立法项目的征集、论证及立法后评估制度。完善铁路、公路、水路、民航、邮政法规的立改废释工作机制。推进交通运输综合执法，完善执法程序，规范自由裁量权，做到严格、规范、公正、文明执法，健全交通运输依法决策机制，积极推行交通运输部门法律顾问制度，解决交通运输行政执法领域机构重叠、职责交叉、多头多层重复执法等深层次问题，建立形成权责统一、权威高效、保障有力、服务优质的交通运输行政执法体制和运行机制，建设一支政治坚定、素质过硬、纪律严明、作风优良、廉洁高效的交通运输综合行政执法队伍，为全面开启交通强国建设新征程提供有力的体制机制保障。

完善现代公共运输服务体系。加快公共交通体制机制创新，完善城市交通拥堵综合治理机制。健全城乡和跨区域公共交通衔接机制，促进城乡和区域公共交通协调发展。改革道路客运班线经营权配置机制，发挥市场在线路资源配置中的决定性作用。完善农村客运运营机制，促进城乡道路客运一体化发展。深化巡游车改革，改革经营权管理制度，理顺价格形成机制，推动行业转型升级。规范发展网约车和私人小客车合乘。加快完善包容性的交通系统顶层制度设计。着力推动从立法层面保障老年人、残疾人等群体的交通出行权，明确政府、企业和社会的权利和责任，进一步建立完善适老化、无障碍出行顶层制度设计。抓紧梳理和制订公路、水运、铁路、民航、邮政、城市客运等相关领域以及交通信息化等适老出行服务规范，并指导各地宣贯实施。搭建有效推动我国老年人、残疾人、儿童等特殊群体无障碍便利出行工作的智库平台，加强对适老化无障碍出行相关政策法规、标准研究的制定，推进相关技术应用，开展各地的实施效果评价等工作。

二、创新服务组织模式

在组织模式上加快多式联运发展，推进多种运输服务融合一体化，在服务形式上不断丰富专业化、多样化运输服务，满足日益增长的高端化、个性化运输服务需求。

加快多式联运发展。推进铁水、公铁、公水、空陆、江海等多式联运发展，不断提高联运比重。研究制订统一的多式联运规则和多式联运经营人管理规制，完善运输装备技术标准体系，统一多式联运单证。引导多式联运项目依托物流信息平台开展系统对接和信息互联。加快普及公路甩挂运输，重点推进多式联运甩挂、企业联盟甩挂、网络型甩挂、干线运输和城市配送衔接甩挂等发展。积极推进集装箱江海直达船型研发设计，研究完善江(河)海直达运输船舶相关规范制度和技术标准体系。

推进多种运输服务融合一体化。因地制宜构建市郊铁路客运网络，将城市轨道延伸至郊区，利用城际线路开行市郊列车，推动市郊、市区、城际轨道交通有机衔接。完善城乡配送跨部门协同工作机制，统筹交通、邮政、商务、供销等农村物流站点资源，推广“多站合一”的农村物流节点发展模式。推广农村货运班线、农村客运班车利用货舱承接邮件运输和小件快运等服务模式。推动邮政快件“上机上铁”工程，加强航空快件运能保障，发展高铁快递和电商快递班列。

丰富专业化、多样化运输服务形式。推动客运线路资源配置机制改革，鼓励客运企业与旅游业等关联产业联动发展。加快推进跨运输方式的客运联程系统建设，推动普及电子客票、联网售票，加快实现旅客出行一次购票、无缝衔接、全程服务。拓展常规公交服务范围，积极探索定制公交、夜间班车、社区公交等新型公交服务模式。鼓励发展水上旅游客运、包车客运、客车租赁等新兴服务形式，推行连锁经营等现代经营方式。大力开发邮轮航线，打造精品航线、特色邮轮航线和邮轮目的地，创新邮轮运输业发展政策，推动邮轮业转型升级。

三、推动监管建设一张网

建立一体化监管机制，加强交通运输全过程、各环节监管。实施综合监管，完善交通运输法律法规和标准规范，强化监管职能，加强对各类交通运输市场的监管，守住交通运输建设质量、安全生产等监管底线，严厉查处违规违法行为；**加强源头监管，**对交通运输企业、从业人员、运输工具三大市场主体加强资质审核、安全检测和教育培训；**实施动态监管，**充分运用大数据、物联网等信息化科技手段，创新市场监管模式和手段，对交通运输各类市场主体的违法违规行为进行监管、预警和分类处置。

构建立体化监管体系，建立分级负责、部门联动、公众参与的立体化监管体系。**实施"部、省、市县、企业"四级监控**,明确各级主体动态监管职责,建立工作规范和运行机制;**建立安全纵横联动协同管理机制**,加大信息共享和协同管理力度,推进联合检查、联合执法;**推动全员监管**,充分发挥行业协会团体和社会公众作用,多方位全视角对交通运输市场进行监督,有效落实行业安全监管责任和运输企业安全生产主体责任。

提升管理服务信息化水平。推进交通基础设施、运载装备、经营业户、从业人员等交通基本要素以及交通证件、执法案件、货运单据、客运票据、移动通信等管理核心要素的数字化和信息化。进一步加大行业信息资源开放共享力度,实现跨地域、跨部门信息互联互通。鼓励和支持企业依法合规地推广形式多样的交通信息服务 App 产品,基于互联网平台向社会提供出行引导、智能公交、汽车租赁、汽车维修等服务。加强信息化技术在行业监测、监管、执法、公共服务等领域应用,建立完善交通运输监管信息服务平台,推进交通运输网上在线许可一站式服务。加快智能航道建设,结合互联网 + 、船联网、北斗、无人机等新技术,逐步实现航道管理与养护智能化。

四、打造综合执法一支队

理顺综合执法体制机制,全面推进行业综合执法体制改革,出台交通运输行政执法体制改革意见,争取地方政府支持,促进各级交通执法机构整合,将分散在各专业部门的行政处罚、行政强制、监督检查等职能予以整合;建立省、市、县三级统一的交通运输行政执法管理体系。

加强执法监督管理,针对调查取证、实施行政强制、行使自由裁量权、收缴罚款等行为,制定更加具体的执法细则和操作流程。加强政务服务体系建设,推行首问负责制、限时办结制、服务承诺制等制度,推进区域网上申办制,建立区域咨询服务平台,全面提升行政执法效率。完善违规执法举报投诉处理制度，认真查处群众举报、媒体曝光的典型案件。组建专门的执法监督队伍，切实落实执法人员、执法单位和相关领导的执法责任。加强执法信息化建设，用信息手段来制约办“人情案”和滥用裁量权的现象，开展绩效评估，建立健全绩效管理体系，强化行政执法问责，防止不作为、乱作为。

完善执法队伍建设机制，完善执法队伍建设机制，解决交通运输执法机构性质不一致、编制管理混乱、装备不齐备、形象不统一的问题。统一执法证件，取消海事执法证、铁路执法证、民航执法证、邮政执法证。组织开展执法机构定岗定编标准研究，制定执法车（船）和执法装备编制核定标准，推动实现全系统执法形象统一。

第四节　促进“高质量”发展升级

围绕可持续能力建设，推动行业发展由资源要素投入驱动向改革创新非要素投入驱动，从注重规模数量增长的粗放式发展，向更加注重生态环境保护、技术创新、开放交流的集约式发展转变，主要解决发展方式粗放、创新力不强、竞争能力弱等问题。

一、加强交通生态文明建设

推广资源集约节约利用。贯彻集约节约利用资源的理念，统筹利用综合运输通道线位资源、运输枢纽资源、跨江跨海通道线位资源等。探索港口岸线有偿使用机制，统筹港口岸线资源的有序开发。加大资源综合利用和循环利用技术推广力度，继续推进废旧材料的循环利用，积极推广公路服务区和港口的水资源综合循环利用，鼓励交通建设企业加入区域资源再生综合交易系统。

强化生态保护和污染综合防治。推进生态工程技术在设计、建设、养护和运营等全过程的综合应用,建设生态型交通基础设施。全面实施交通基础设施生态修复,开展交通基础设施节能环保改造。建立长三角、珠三角、环渤海(京津冀)等重点水域船舶排放控制区,开展原油、成品油码头油气回收行动。强化港口、公路服务区、枢纽站场等水污染防治,强化生态型污水处理技术的应用。构建交通运输环境监测网,有序推进国家高速公路、沿海及内河主要港口、长江干线航道等重点环境监测对象在线监测点建设,建立交通运输行业能耗监测平台。

大力推进交通节能减排。优化交通运输用能结构,完善节能降碳制度,推广节能降碳装备和技术,提高交通运输用能效率。促进新能源技术在交通基础设施中的应用,加快推进 LNG 等清洁能源运输装备、装卸设施。实施营业性车辆燃料消耗量限值标准,进一步完善运输装备的市场准入与退出机制,逐步淘汰高耗能的设施和装备。继续推广节能降碳技术,加强靠港船舶使用岸电、温拌沥青等技术的应用。继续开展绿色交通省份、城市、公路、港口和航道示范工程创建工作,全面推进绿色交通运输体系建设。

二、强化交通运输科技创新

加强交通科技创新能力建设。政府引导推进以市场为导向、企业为主体、产学研相结合的交通行业科技创新体系建设。加强重点实验室建设,着力培养国家重点实验室,鼓励大型企业建立专业特色明显的行业研发中心。加强交通科技信息资源共享平台建设,促进交通科技信息资源集成共享。

推进行业重大关键技术研发。重点推进跨海湾海峡交通大通道(隧、岛、桥)集群工程、中国标准动车组及适合城际(市域)铁路特点的新型动车组、高海拔与高寒等特殊地区高速铁路公路建设、大运量和重载公铁共用通道建设、长江黄金水道运输能力提升、深水作业技术、综合运输智能管控与协同运行、交通大气污染防控等研发工作。

强化科技成果转化和推广。建立和完善科技成果推广应用的有效机制,促进科研成果的产业化发展。发挥科技示范工程、科技成果推广目录的引导作用,推动科技成果跨区域、大范围推广应用。鼓励把先进、适用的科技成果及时纳入标准规范,或通过发布技术指南的方式予以应用。

加强行业标准规范建设。按照国务院深化标准化工作改革方案,对现行行业标准进行全面清理。优化综合交通运输协调衔接以及各种运输方式技术标准体系,重点推进高速铁路、城际铁路、运输服务、工程建设与养护、信息化、安全应急、节能环保等重点领域的标准制修订工作。

三、提高交通装备技术水平

加快运输装备技术现代化、专业化,推广使用标准车型和船型,引导营运车船向标准化、专业化、清洁化方向发展。

着力推进装备技术现代化。推进智能化运行控制技术在高速铁路、城市轨道交通等领域的应用,推进铁路货车技术发展,适应重载、快捷、集装箱、半挂车和特种运输需要。鼓励发展中、高级公路营运客车,积极发展适合农村客运安全、实用、经济型客车和客货兼用型运营车辆,鼓励发展厢式、冷藏、城市配送等专用运输车辆,积极推动卫星定位、运行监测设备配置作为营运车辆准入条件。优化海运船队结构,加快推进内河船型标准化。继续推进民航装备建设,推进国产大飞机投入试运行,有序扩大全货机规模。进一步提高战备车船技术水平,提升交通战备保障能力。

加快推进多式联运装备专业化。积极推进适应铁路驮背运输、公铁滚装运输的铁路专用平车、运载单元拴固设备等技术标准体系建设。加快标准化、集装化运载单元和托盘的推广应用,积极推广滚装甩挂运输成套技术装备,推动研发专用货滚运输船舶。加快研发和推广大型化、专业化转运设施装备,引导企业广泛运用标准化、集装化装卸机具。优化远洋船队结构,加快推进进口能源、重要原材料的国轮船队建设,加快专业化大型船队和新型船舶的发展。

四、扩大交通对外开放交流

推进国际产能和装备制造合作。发挥我国在基础设施建设、港口运营、设备制造等领域的管理与技术优势,积极推动高铁、高速公路、深水筑港、长大桥隧、轨道交通等方面的国际产能和装备制造合作。推进交通技术咨询、建设施工、装备制造等全方位对外合作,加快"走出去"步伐。

鼓励发展国际运输服务。集中支持培育一批具有国际竞争力和市场开拓能力的骨干交通运输企业、现代快递企业,发展"工程承包+融资""工程承包+融资+运营"等业务合作模式,支持有条件的交通运输企业开展对外投资和跨国经营,构筑整体竞争优势。整合中欧、中亚国际集装箱运输班列资源,优化运行线路,延伸服务链条,加强货源组织,提升运输效益。

不断提升行业国际化水平。积极参与铁路、港口、疏浚、民航等领域的国际标准制修订工作,培育和推动行业优势特色技术标准成为国际标准,提升交通运输标准国际化水平。

第五节　健全"强保障"政策制度

政策法规制度是推动改革依法顺利实施的重要保障,是支撑建设现代化综合交通运输体系的重要保障。要切实强化政策制度意识,不断完善政策制度体系,进一步强化制度执行、跟踪和评估,增强政策制度的系统性、整体性和协同性。

一、完善交通法规体系建设

做好法规制度的立改废工作。加快推进行业交通运输相关法规制度立改废工作,实行交通法律法规执行效果评估制度。制定交通运输行业中长期立法规划,突出重点领域,增强安全生产法制建设的系统性。加快制修订社会高度关注、实践急需、条件相对成熟的重点行业领域专项和配套规章。指导推进行业地方性法规制度建设,完善行业法律法规解读、公众互动交流信息平台,健全普法宣传教育机制。

完善跨运输方式的综合性立法。分步骤重点推进跨运输方式法规系统,推进构建以《综合交通运输促进法》《综合交通运输枢纽条例》和《多式联运法》构成的跨运输方式法规系统,着力解决当前综合交通运输体系构建中的关键性问题,包括调整不同运输方式之间的衔接、配合和协调过程中的运输主体之间、政府主管部门与运输主体以及政府主管部门之间的关系。同步推进跨运输方式法规系统各配套法规规章的立法工作,对综合交通运输涉及的枢纽规划建设、运输服务、多式联运等各领域分别建立法律制度,鼓励在各相应领域将政策上升到规章层面,出台相应的部门规章,为法律法规制定奠定基础。

针对新业态完善相关法规制度。随着新科技、新业态、新领域的大量涌现,要加强对智能交通、网约车、共享单车等新业态、新模式的根本属性及特性的研究,科学界定、合理划分其功能类型和规模,尽快明确各自的安全生产监督管理机构,明确各相关机构的监管职责划分,落实好监督责任,制定相应的法律制度。

二、完善政策规范管理机制

交通运输政策包含公、铁、水、空、邮五个行业,且广义政策中行业管理政策与法律法规、战略规划和标准规范各有自身特征,现阶段由于各行业的管理水平不平衡不充分,不仅没有发挥政策组合拳的作用,还出现了政策间相互掣肘,甚至由于各方所处角度和站位不同,发生上级政策否定下级法规的情况,严重影响了政策实施效果。应建立政策出台的制定、执行、评估全链条式的规范管理机制,成立政策咨询审查委员会,加强重大政策出台协调和审查,提高交通运输产业政策效果(使行业管理政策、法律法规、战略规划和标准规范之间发挥最佳组合效应),加强公、铁、水、空、邮各行业的政策衔接与平衡,全面提升交通运输行业对内和对外的管理水平。

三、完善运输标准规范体系

百业发展为大,标准是为基础。标准化水平是成就核心竞争力的基本要素,是走向国际市场的“通行证”,在发展中战略地位日益突出。

构建适应交通运输高质量发展的标准体系。围绕保障安全、便捷、高效、绿色、经济的现代综合交通运输体系建设,加强重点领域标准有效供给,构建综合交通运输标准体系,主要包括构建基础标准、运输服务标准、工程设施标准、安全应急标准、信息化标准、统计评价标准、运输装备和产品标准等。

加快推进科技成果转化为标准,提升交通工程建设质量,升级产品与服务质量。推动科技成果转化为技术标准的制度建设、机制建立,在高速铁路、轨道交通装备、新能源汽车、智能网联汽车(自动驾驶、车路协同)、智能船舶、自动化港口、工程机械装备等行业特色和重点领域,推动标准研究制定,引领新兴技术发展。

四、优化行业发展财税政策

进一步优化行业发展财税政策,加大资金、土地、通道等资源要素,在综合运输涉及多种运输方式规划、布局、设计和建设中的约束作用,避免重复低效建设,推进资源节约利用。出台有利于促进综合客货运枢纽建设、多式联运发展的税收优惠政策,加大对多式联运企业的政策或资金支持力度,如对从事公铁联运、公水联运的车辆给予通行费减免政策,设立财政专项资金扶持多式联运发展等。

第七章　新时代交通运输全面深化改革的重点任务

一分部署九分落实。贯彻落实党中央实施全面深化改革、推进治理体系和治理能力现代化建设的精神要求，围绕交通强国建设战略部署，坚持问题导向、系统集成、改革创新和分步推进，提出新时代交通运输全面深化改革的任务部署，明确进一步深化改革的重点工作。

第一节　完善综合交通制度体系

完善综合交通制度体系，是建设现代综合交通运输体系的前提和关键，是推进交通运输治理体系和治理能力现代化的最重要一环。必须聚焦现阶段综合交通运输改革发展的重点领域和薄弱环节，坚持中央与地方之间、区域之间、运输方式之间的统筹协调，完善综合交通运输管理体制机制、战略规划、法律法规、标准规范，加快形成与现代化综合交通运输体系建设相适应的制度体系，推动各种运输方式一体化融合发展，提升系统治理、依法治理、源头治理和综合施策的交通综合治理水平。

一、健全完善综合交通运输管理体制

深化交通运输大部制改革，完善综合交通运输管理职能，推进管

道运输、城市轨道交通规划建设、铁路规划管理、城市交通管理等职能纳入综合交通运输管理体系。不断深化铁路、公路、航道、空域管理体制改革，建立健全适应综合交通一体化发展的体制机制。指导地方开展“一省一交”“一城一交”改革，建立与综合交通运输管理体制相适应的部门机构，负责本区域内综合交通运输体系规划建设，统筹管理地方铁路、公路、水路、民航、邮政、管道等。

二、建立健全综合交通运输协调机制

健全交通运输与发改、财政、国土、住建、公安等部际协调机制，建立健全综合交通运输部际联席会议制度，促进国家立体交通网规划与国家重大战略规划、国土空间规划等协调衔接。完善部与部管国家局之间的职责关系和工作运行机制，提升综合交通运输管理行政效能，推动铁路、民航、邮政更好融入现代综合交通运输体系。建立跨区域的综合交通运输协调运行机制，服务京津冀协同发展、长江经济带发展、粤港澳大湾区建设、长三角一体化发展、黄河流域生态保护和高质量发展等区域协调发展新格局。加强中央对地方深化综合交通运输管理机制改革的指导，加强部省战略合作，协调解决综合交通运输改革发展重大政策问题。

三、健全综合交通运输法规标准制度体系

健全综合交通运输规划编制机制。建立健全综合交通运输规划编制、实施、监管和执行的统一运行机制，制定出台综合交通运输规划编制管理办法。落实国家规划、政策、规定，完善各种运输方式规划编制工作机制，加强铁路、公路、水路、民航、邮政发展的统筹规划。建立健全交通运输规划项目实施、监管和执行制度，充分发挥各级交通运输主管部门和社会各方的作用。

完善综合交通运输标准规范体系。建立健全综合交通运输标准化管理制度机制，加强对铁路、公路、水路、民航、邮政等各领域标准

化工作的统筹协调，提升行业标准化能力和水平促进标准化工作的融合发展。加强综合交通运输标准有效供给完善综合交通运输标准规范体系，健全综合立体交通网建设、货物多式联运系统、旅客联程联运综合交通枢纽等重点建设、服务标准，实现各种运输方式标准的有效衔接。促进加快运输服务一体化进程。

促进综合交通运输法规体系建设。建立健全综合交通运输法规体系，发挥法治在综合交通运输体系建设中的引领和规范作用。健全交通运输各种运输方式配套法规，推动建立综合交通运输法，提升综合交通运输治理权威性与落地实施。

第二节　完善交通战略规划体系

以规划引领发展，是党治国理政的重要方式，是中国特色社会主义发展模式的重要体现。交通规划是主管部门履行投资决策、市场监管、社会管理、公共服务、生态环境等职能的重要依据，是落实国家战略、加强宏观管理的重要手段。必须加快建立制度健全、科学规范、运行有效的交通运输管理管理体制，充分发挥交通运输战略规划引领作用，推动交通运输治理体系和治理能力现代化。

一、完善交通规划体制与协调机制

围绕交通强国建设总体部署，加强交通运输发展战略顶层制度设计，突出交通运输规划在国家规划体系中的地位，构建与经济社会、国土空间和生态环境等相关规划的协调机制。推动建立国家层面的综合交通规划体制机制，完善各种运输方式规划编制工作机制，加强铁路、公路、水路、民航、邮政发展的统筹规划。建立跨区域的交通运输规划编制运行机制，协调好国家级、省级、城市群、城市、城乡等各层次交通运输规划之间的关系,明确衔接原则和重点,规范衔接程序,确保各级各类规划协调一致。构建国家交通战略体系,明确不同阶段交通发展战略定位,注重规划与重大政策协同,促进行业科学有序发展,有力支撑国家重大战略实施。

二、建立健全交通运输新规划体系

推进建立健全交通运输新规划体系,形成由交通运输战略规划、交通运输发展规划和交通基础设施规划等组成的规划体系,促进交通与空间规划有机融合,实现规划一张图、交通一张网、建设一盘棋。实施交通运输规划清单管理,并根据国家新战略要求进行调整,清单外原则上不在编制国家级、区域级规划,党中央、国务院及相关法规制度有要求的除外。交通规划应拓展前期研究的广度和深度,科学研判需求特征与发展趋势,把握交通运输突出短板和发展方向,针对全局性、前瞻性、深层次的重大问题,从综合立体规划角度,提出规划思路和方案。贯彻以人为本的交通规划理念,优化规划方法,用新技术提升交通规划的精细化和前瞻性。明确交通运输部门作为规划编制与实施的主体,加快出台发展交通运输规划发挥,对规划编审程序、规划内容、项目实施和报批流程等内容做出规定,保障规划的权威性和稳定性。将规划作为政策制定、项目审批(核准)、行业意见办理和政府安排投资资金等依据,规划成果应广泛征求各方意见,加强规划实施评估,重视公众参与,加强规划实施评估和滚动编制,鼓励开展第三方评估,并强化监测评估结果应用,建立规划动态更新机制。

三、促进交通运输高质量发展

完善以高质量发展为导向的制度体系,推进建立交通运输指标体系、政策体系、标准体系、统计体系、评价体系,健全政策制定、执行、评估的规范管理机制,拓展统计新方式强化统计能力,全力推动交通运输高质量发展。

第三节　完善交通运输服务体系

完善运输服务体系,更好满足人民群众对美好生活的需要是运输服务的本质要求。必须要进一步完善全覆盖的交通运输基本公共服务保障体系,提升运输服务保障能力和水平。强化制度保障,提升运输服务品质,促进物流服务降本增效,满足人民对美好生活的需求。

一、完善交通运输基本公共服务保障体系

统筹区域交通运输发展,推进运输服务进一步向西部地区、"老少边穷"地区倾斜,实现建制村村村通邮、村村通快递、村村通客车。健全城乡和跨区域公共交通衔接机制,推进城乡交通运输一体化,深入实施城市公共交通优先发展战略,保障城乡居民行有所乘。鼓励各地将城市公共交通、农村客运、农村物流纳入"十四五"基本公共服务规划和清单管理。深入推进京津冀、长三角、粤港澳大湾区等城市群区域交通协同发展,促进民航、铁路与其他运输方式的深度融合。建立通达全球的寄递服务体系,推动邮政普遍服务升级换代。完善国家重大节假日等特殊时期运输服务协调机制,提升运输服务保障能力和水平。

二、强化提升运输服务品质的制度保障

推进货运"一单制"、客运"一票制"、出行信息服务"一站式",实现鼓励有条件的地区试点开展"出行即服务"试点。制定安检流程优化的相关标准规范,推进高铁地铁双向换乘免安检,在有条件的国际机场推广出境旅客海关查验、民航安检"一机双屏""一次过检"模式,

提升旅客综合交通换乘体验。鼓励各地逐步建立完善城市公共交通、巡游出租汽车运价调整机制。建立城市公共交通用地综合开发制度。建立健全鼓励和规范网络预约出租汽车、分时租赁、互联网租赁自行车、“互联网+”高效物流等新业态交通运输模式发展的制度体系。完善相关制度体系，推动旅游专列、旅游风景道、旅游航道、自驾车房车营地、游艇旅游、低空飞行旅游等发展。培育充满活力的通用航空及市域（郊）铁路市场，完善政府购买服务政策。完善交通运输军民融合顶层设计和工作机制。

三、优化物流服务降本增效制度体系

探索建立物流基础设施规划建设协调机制，推动公、铁、海、空多式联运发展，探索推进集装箱多式联运一单制，鼓励在适宜线路发展驮背运输。完善交通运输与发展改革、商务、海关、供销等部门综合协调机制，打破条块分割和地区封锁，加快形成跨区域物流大通道。鼓励企业网络化经营，规模化发展。大力推广多式联运、甩挂运输、共同配送等组织方式，完善网络平台道路货物运输经营（无车承运人）管理制度，加快出台针对物流新业态企业的鼓励、引导、监督与管理制度。完善配送车辆进入城区作业相关政策，建立健全城市配送与车辆管理工作协作机制。推动交通运输物流标准与上下游物流标准有效衔接。促进各类平台之间的互联互通和信息共享，降低物流信息成本。

第四节　完善现代化市场体系

市场治理是治理现代化的重要内容和途径。必须深入贯彻新发展理念，全面推进各领域改革和制度建设，充分发挥市场在资源配置

中的决定性作用，统筹协调政府和市场的关系，高标准构建统一开放、竞争有序的现代交通市场体系，完善公平竞争制度，健全市场治理规则，不断提升行业市场治理现代化水平。

一、充分释放交通运输市场主体活力

厘清政府与市场关系，强化市场边界，深入推进简政放权、放管结合、优化服务，深化行政审批制度改革，充分发挥市场资源配置的决定性作用。进一步加大交通运输国有企业改革力度，构建新型政商关系，优化民营企业发展环境，充分激发铁路、公路、水运、民航、邮政等各类交通运输企业的市场主体活力。深化制度创新，推进重点领域改革，切实转变政府职能，优化交通运输营商环境，破除体制机制障碍。转变服务理念，紧紧围绕更好保障和改善民生，完善治理规则，强化监管体系、市场准入、产权保护、价格机制等制度安排。完善公众参与机制，激发社会组织活力，促进社会公平正义，建立健全现代化交通运输市场体系。

二、完善交通运输市场规则与清单制度

推进放管服改革，优化交通运输营商环境。建设高标准、公平开放、统一透明的交通运输市场，完善市场公平竞争制度。探索并全面实施市场准入分类负面清单，完善市场准入、退出制度。全面清理交通运输领域妨碍统一市场和公平竞争的规定和做法，反对垄断和不正当竞争。推进交通运输要素市场制度建设，实现要素价格市场决定、流动自主有序、配置高效公平。探索交通运输领域对外商投资实行准入前国民待遇加负面清单的管理模式。完善自由贸易区和自由贸易港建设政策体系，推进国际海运全面实现对外资开放。

三、加快构建以信用为基础的新型监管体系

加强市场监管，规范市场秩序，不断优化完善交通运输信用体系

建设。制定并落实守信激励和失信惩戒制度,建立健全交通运输对象名单管理制度,实施动态监管和全过程监管。针对不同交通运输从业主体,逐步建立具有监督、申诉的综合考核评价体系。完善诚信建设长效机制,建立健全覆盖交通运输各领域的市场信用体系。健全全国统一的交通运输行业信用信息平台,推进与公安、工商、税务、金融、安监等部门信用系统的有效对接和信息共享。健全以信用为基础的新型监管机制,推动信用在交通运输各领域、各环节监管的深度融合和广泛应用。

第五节　完善交通建设养护体系

完善交通建设养护体系是推进行业高质量发展的重要保障。必须建立健全交通投融资政策体系,发挥财政资金引导作用,破解行业发展资金难题,为交通发展提供有力资金保障,加快完善交通建设管理体系、交通养护体系,推进建立适应交通强国建设的公路水运建设养护管理体制机制。

一、完善投融资政策体系

深化交通投融资改革,增强可持续发展能力,完善政府主导、分级负责、多元筹资、风险可控的资金保障和运行管理体制。建立健全中央和地方各级财政投入保障制度,加快推进交通运输领域中央与地方财政事权和支出责任划分改革,形成权责清晰、财力协调、区域均衡、监管有力、运转高效的财政事权和支出责任划分模式。稳定和完善中央交通专项资金政策,调整优化支出结构。完善成品油税费改革转移支付资金分配政策,加大对普通公路养护的支持力度。用足用好债券资金政策,将没有收益的公路、水路交通基础设施作为地方政府一般债券重点支持领域。推动完善收费公路专项债券制度，逐步建立专项债券与项目资产、收益对应的制度。研究发行国家公路建设长期债券，保障国家重大战略项目的建设。积极推进交通运输领域预算管理制度改革，加强预算编制、执行和监督全过程管理，提高资金使用绩效。充分发挥市场资源配置的决定性作用，规范有序利用PPP模式推进交通基础设施建设，探索推进交通与旅游、物流、互联网、新能源、金融等其他产业融合发展，盘活存量资产，用存量换增量，以资产换资本。积极妥善处理交通运输行业地方政府隐性债务问题，建立交通运输发展规划与资金保障协同机制，坚决守住不发生区域性系统性债务风险的底线。

二、完善交通建设管理体系

推进建立健全适应交通强国建设的公路水运建设管理体制。建立重大工程项目库制度，优化前期论证、评估，提升科学决策水平。简化项目审批流程，提高审批效率的制度。完善建设工程质量与安全监督机制，建立健全工程质量终身负责制。积极试行公路建设项目自管、代建、设计施工总承包等模式，探索项目专业化管理新模式。落实项目法人责任制，完善法人资格管理、目标考核、监督约束等机制。改革工程监理制，明确监理发展定位和职责，引导监理企业转型发展。完善招标投标制，改革资格审查和评标办法，加强信用评价在招标投标中的应用，加大对围标、串标等行为的重点监管和依法查处。强化合同管理制，完善合同管理体系，建立健全合同履约考核评价制度。

三、完善交通养护管理体系

推进建立健全适应交通强国建设的公路水运养护管理体制。建立健全政府与市场合理分工的养护组织模式。按照国家财税体制改革要求，科学划分国道、省道、农村公路的养护管理职责。深化全寿命周期养护成本理念，全面开展预防性养护。积极探索公路养护市场化机制，推进收费公路养护工程、普通国省干线大修养护工程向社会公开招投标，农村公路专业性养护工程采取政府购买服务等方式。

第六节　完善交通法治体系

构建交通运输法治体系是实现交通运输治理体系和治理能力现代化的内在要求与必由之路。坚持目标和问题导向，加快形成完备的综合交通运输法规体系、高效的交通运输法治实施体系、严密的交通运输法治监督体系、有力的交通运输法治保障体系，全面推进科学立法、严格执法、全民守法，将交通运输法治体系建设贯穿交通强国战略实施始终，更好发挥法治固根本、稳预期、利长远的保障作用，为交通强国建设提供坚实的法治保障。

一、构建完备的交通运输法律法规规章体系

紧紧围绕交通强国战略部署的推进，构建形成系统完备、架构科学、布局合理、分工明确、上下有序、相互衔接的综合交通运输法律法规规章体系。制定并实施《交通运输部关于完善综合交通法规体系促进和保障交通强国建设的意见》，修订或制定铁路、公路、水路、民航、邮政等各领域“龙头法”和重点配套行政法规及部门规章。紧跟交通运输发展前沿，围绕交通运输新业态发展、安全监管等重大问题做好立法支撑，推进制定《交通运输法》《铁路运输条例》《城市公共交通管理条例》《农村公路条例》等，修订《中华人民共和国公路法》《中华人民共和国海上交通安全法》《中华人民共和国民用航空法》《收费公路管理条例》《铁路交通事故应急救援和调查处理条例》等法律法规项目，逐步实现良法善治，促进交通运输高质量发展。完

善立法体制机制,保障科学立法、民主立法、依法立法,定期开展立法后评估,不断提高立法质量和效率。落实规范性文件合法性审核制度和公平竞争审查制度,及时发现并纠正违法文件。正确处理改革决策与立法决策的关系,坚持法治引领、推动和保障交通运输改革。

二、全面提升交通运输依法行政能力

全面提高运用法治思维和法治方式能力。树立重视法治素养和法治能力的用人导向。抓住领导干部这个关键少数,完善学法和法治培训工作机制,坚持和完善领导干部集体学法、法制讲座、法律培训制度,建立健全领导干部学法用法监督激励机制,完善法治能力考查测试制度。

建立现代化交通运输综合行政执法体系。深化交通运输综合行政执法体制改革,全面加强交通运输综合行政执法规范化建设,打造高素质的交通运输综合行政执法队伍,实现交通运输执法机构运行高效、执法队伍正规,执法程序规范,执法方式完善,执法手段先进,执法保障有力、执法制度健全,严格规范公正文明执法,提升交通运输执法能力。依法查处交通运输各类违法行为,切实维护交通运输市场秩序。规范执法自由裁量权,提升交通运输行政执法公信力。全面落实行政执法公示、执法全过程记录、重大执法决定法制审核“三项制度”。深入推进行政执法“四基四化”建设,加强交通运输基层执法队伍职业化建设、基层执法站所标准化建设、基础管理制度规范化建设、基层执法工作信息化建设,建立健全相关政策制度标准体系。

完善交通运输依法决策机制。完善重大行政决策制度机制,规范公众参与、专家论证、风险评估、合法性审查、集体讨论决定等交通运输重大行政决策工作程序,加强重大决策的调查研究、科学论证、风险评估,强化决策执行、评估、监督。推行交通运输重大行政决策后评估制度,提高决策质量和效率。扩大行政决策公众参与度,提高专家论证和风险评估工作质量,坚持合法性审查和集体讨论决定制度,建立重大决策终身责任追究制度及责任倒查机制。推进交通运输部门法律专家委员会、法律顾问和公职律师制度,提高科学、民主、依法决策水平。

三、健全严密的交通运输法治监督体系

持续强化对行政权力的制约和监督。强化部门内部权力制约与监督机制。强化内部流程控制,对极易产生腐败行为的部门和岗位,实行分岗设权、定期轮岗。建立交通运输行政执法督察制度和查暗访常态化工作机制。主动接受外部监督,建立交通运输行政执法社会监督员制度。全面推进政务公开,继续完善社会监督和舆论监督,方便群众投诉举报、反映问题,依法及时调查处理违法行政行为。落实行政执法监督责任,健全纠错问责机制。

健全依法化解纠纷机制。构建交通运输行业社会矛盾纠纷化解体系,健全舆情监测机制、建立健全预警机制、利益表达机制、协商沟通机制、救济救助机制,预防和减少行政纠纷。健全行政调解和信访工作机制。改进行政复议和应诉工作,健全行政复议案件受理审理机制,建立健全交通行政应诉制度,提高基层复议和应诉人员的能力。强化依法应对和处置群体性事件机制和能力。

第七节　完善交通运输安全应急体系

安全是交通发展永恒的主题。当前交通运输安全生产正处于深化改革的攻坚期、转型发展的关键期、交通强国建设的起步期,交通运输安全与应急面临更加错综复杂的风险与挑战。站在新的历史起

点，瞄准交通强国建设新目标，聚焦交通运输安全生产突出问题，着力提升本质安全水平，着力防范化解安全生产重大风险，构建更加系统完善、更加坚实可靠、更加保障有力的安全生产治理体系，为坚持总体国家安全观、建设更高水平的平安中国助力。

一、健全交通基础设施质量安全体制机制

进一步完善工程质量管理法规制度，落实工程质量安全主体责任，强化工程质量安全监管，提高工程项目质量安全管理水平。强化对工程建设全过程的质量安全监管，推进监管体制机制改革，完善监督层级考核机制，落实监管责任。推进质量安全诚信体系建设，建立健全信用评价和惩戒机制。严格落实项目负责人和从业人员责任，进一步完善工程质量终身责任制，加大质量责任追究力度。围绕基础设施建设、运营、管理、养护的安全操作与管理，持续完善标准规范，提高基础设施安全配置标准。

二、完善交通运输安全监管执法体系

进一步深化交通运输综合执法体制改革，健全完善安全生产执法机制，加强基层执法力量建设，提升行业依法治安能力。创新安全监管与执法方式，推进信用分级分类监管，全面实施“双随机、一公开”监管，健全跨部门随机抽查事项清单。建立健全联合监管机制，加强与公安、市场监管、应急管理等部门沟通协调，建立完善信息共享和联合监管执法，形成执法合力。加强交通运输重点领域治理，针对道路客运非法违法营运、公路超载、独柱墩桥梁运行、长期逃避海事监管船舶、工程建设领域违规和冒险作业开展专项整治行动。

三、完善非传统风险的防范体系

建立健全交通运输行业安全风险研判、风险防控、防范化解机制。提升预测预警预防各类风险的能力，增强风险防控的整体性、协

同性和精准性。提高对网络安全、投融资等非传统风险的防范能力，始终保持高度警惕，加强部门间协同，坚决防范和打击敌对势力。

四、完善安全应急保障管理体系

完善交通运输应急管理体系，强化行政管理职能，提高组织协调能力和现场救援时效。加强跨部门、跨区域应急力量配备和协调，强化警地联合应急机制建设。推进交通运输应急反应与物资储备中心建设。加强各省交通运输调度和应急指挥系统建设，为各级交通运输主管部门对交通运行情况的分级监测及应急管理工作提供“全方位、全天候、智能化”技术支撑。加强各类突发事件的应急演练，推进演习演练常态化。

第八节　完善绿色生态治理体系

完善绿色生态治理体系，推进交通运输可持续发展，必须践行绿水青山就是金山银山的理念，坚持节约优先、保护优先、自然恢复为主的方针，加强资源节约集约高效利用，提高交通节能减排水平和污染防治能力，提升路域、水域、海域生态环境保护和修复成效。

一、加强资源高效利用的交通运输发展制度

建立健全土地、海域、无居民海岛、岸线、通道、空域等资源节约集约利用政策和制度。推进交通基础设施科学选线选址和取弃土、造地、复垦综合管理要求。完善铁路、公路和市政道路统筹集约利用线位、桥位等交通通道资源，以及改扩建和升级改造工程充分利用既有廊道资源的规划机制。推进区域港口一体化发展，加强港口资源整合，完善港口间协调发展机制，加快推进锚地、航道等资源共享共用。建立完善空管运行协调机制，加强军民航协调机制建设。加快

构建老旧设施更新利用区域协调与统筹管理机制,加强推进自然资源和施工废旧料的再生与综合利用政策,推动交通资源循环再生利用产业发展,配套完善资金补助措施。加快推进快递包装绿色化、减量化、可循环治理体系,建立健全快递绿色包装技术标准、统计监测、信用体系、用品用具管理和事中事后监管制度。

二、完善交通节能减排和污染防治制度

建立完善涵盖交通运输规划、设计、建设、运营、管理、服务全过程的节能减排和污染防治制度。推动港口和机场服务、邮政快递、城市公共交通和城市物流配送使用电动化、新能源化、清洁化的运输工具,加大天然气等清洁燃料车船推广应用。联合公安等部门研究制定鼓励新能源汽车使用的差异化政策措施。支持高速公路服务区、交通枢纽充电加气设施的规划与建设,支持内河航道加气设施和岸电设施的规划与建设。建立覆盖油、路、车的交通污染综合治理制度。推动交通污染防治技术研发与应用。探索建立适应国家和地方污染物控制标准及船舶排放区要求的交通运输污染治理与环境质量的监测和公布制度,建立完善交通基础设施建设与运营的环保专项资金保障制度。推广绿色铁路、公路、港口和航道等示范经验。

三、实施严格的交通生态环境保护修复制度

以服务于长江经济带发展、黄河流域生态保护和高质量发展为导向,严守生态保护红线,严格落实生态保护和水土保持措施,严格实施生态修复、地质环境治理恢复与土地复垦,探索建立源头预防、过程控制、修复损害、追责赔偿的交通生态环境保护修复制度。强化交通基础设施规划与建设过程中的生态选线选址和生态环保设计,科学避让耕地、林地、湿地等具有重要生态功能的国土空间,推动形成绿色交通规划与设计标准规范。在重要生态保护区域的施行更加

严格的工程管理和环境监管制度。构建以绿色交通发展为导向的评价考核体系,建立生态保护成效与绩效考核相挂钩的考核机制。

四、建立绿色出行公共服务长效机制

推进绿色出行发展,坚持公共交通优先,努力建设绿色出行友好环境、增加绿色出行方式吸引力、增强公众绿色出行意识。大力提升公共交通服务品质,推进通勤主导方向上的公共交通服务供给。加快推进城市公交枢纽、首末站等基础设施建设。改善公众出行体验,提高空调车辆和无障碍城市公交车辆比例。优化慢行交通系统服务体系,加强慢行系统环境治理。研究制定公众参与感强、富有吸引力的小汽车停驶相关政策。鼓励对自愿停驶的车主提供配套优惠措施,探索建立小汽车长时间停驶与机动车保险优惠减免相挂钩等制度。完善停车管理体系,加强停车治理,建设多元化、全方位的综合交通枢纽、进出城市交通、停车、充电设施等信息引导系统。

第九节　完善协同高效科技创新体系

科技创新是提高社会生产力和综合国力的战略支撑,必须摆在国家发展全局的核心位置。加强科技创新驱动是新时代交通运输发展的战略抉择。必须促进科技创新与行业发展紧密结合,以提升科技创新能力为核心,进一步加快创新型交通运输行业建设,充分发挥科技创新在交通强国建设中的支撑引领作用。

一、完善科技创新研发体系

弘扬科学精神,加快建设创新型交通运输行业,构建行业关键核心技术攻关新型举国体制。加强顶层设计,不断完善科技规划计划、

项目管理和经费管理制度，提高科技管理工作整体效能。聚焦制约行业发展的“卡脖子”技术难题，建立关键核心技术攻关机制。加大行业基础研究投入，健全鼓励支持基础研究、原始创新的体制机制。瞄准新一代信息技术、人工智能、智能制造、新材料、新能源等世界科技前沿，完善可能引发交通产业变革的前瞻性、颠覆性技术研究机制。完善科技人才发现、培养、流动机制，重点培养高层次科技人才特别是高水平领军人才和青年科技人才。

二、完善科技创新新技术应用体系

建立以企业为主体、产学研用深度融合的技术创新机制，支持大中小企业和各类主体融通创新，鼓励各类创新主体建立创新联盟。建立大数据、互联网、人工智能、区块链、超级计算等新技术与交通行业深度融合机制，推进数据资源赋能交通发展。完善行业科研平台体系，建设一批具有国际影响力的实验室、试验基地、技术创新中心等创新平台。加大资源开放共享力度，建立健全行业科研院所、高等学校、企业的科研设施和仪器设备等科技资源向社会开放的合理运行机制，促进科技资源优化配置和高效利用。

三、构建适应交通高质量发展的标准化体系

强化标准引领，健全以需求为导向的标准立项机制，加快交通运输高质量标准体系建设。健全科技、标准和产业化应用互动机制，加快创新成果转化为技术标准，推动交通标准创新基地建设，加强交通标准化与科技创新、重大工程、产业发展的有机衔接。建立交通标准化试点示范，优化标准实施信息反馈和评估，创新标准实施监督机制，推动交通标准、计量、检验检测、认证认可质量体制全链条设计、一体化发展，充分发挥标准化对交通高质量发展的支撑作用。

第十节　构建互利共赢的开放合作体系

推动交通事业发展需要良好的国际环境和外部条件。必须坚持用习近平外交思想指导交通运输国际开放合作，主动服务中国特色大国外交和交通强国建设，扎实开展交通运输多双边务实国际合作，积极参与行业全球治理，提升中国交通运输的国际影响力和话语权，服务国家高质量发展和扩大对外开放。

一、推进与周边国家交通基础设施互联互通的机制

坚决贯彻习近平外交思想，坚持互利共赢的开放战略，积极服务“一带一路”高质量发展。建立中欧通道铁路运输、口岸通关协调机制，推动国际交通运输协定协议商签，推动已签署的双边、多边协定落地实施，共同打造服务“一带一路”高质量发展的国际品牌，建设沟通境内外、连接东中西的运输通道。加强国家之间交通规划、标准体系对接，推进建立统一的运输协调机制，降低国际运输成本，提高运输效率。全面实行准入前国民待遇加负面清单管理制度，从注重引进向推进双向开放转变，促进国内国际交通运输要素有序流动、高效配置。完善国家便利运输委员会工作机制，积极推进加入国际运输便利化公约。

二、鼓励制定中国交通运输企业走出去的政策

积极参与全球交通治理体系建设。服务构建人类命运共同体，秉持共商共建共享的全球治理观，倡导多边合作，推动全球交通治理体系建设与变革。积极参与全球交通运输合作，深度参与国际规则和标准制定，促进交通运输政策、规则、制度、技术和标准“引进来，走出去”，积极支持企业为主体、相关方协同参与国际标准化工作，结合

"一带一路"重点项目、重点工程实施,推动交通标准海外应用示范。鼓励交通领域的基建、运输、物流龙头企业开展跨境业务,提升中国装备在国外的利用率,提高企业的国际知名度,将中国制造、中国建造、中国标准与中国服务带出国门。从国家战略与企业发展角度综合考量,鼓励交通领域龙头企业开展跨境股权及融资交易,间接获得国外市场与技术,拓展中国标准的国际化途径。积极支持企业为主体、相关方协同参与国际标准化工作,结合"一带一路"重点项目、重点工程实施,推动交通标准海外应用示范。主动开展应对气候变化的国际交通合作,引导全球海运温室气体减排战略的制定和实施。完善人才国际输出机制,加强国际化人才培养和储备,积极向国际组织推送优秀人才。

三、提高交通国际话语权和影响力

完善交通运输双边、多边合作机制,形成国家、社会、企业多层次的合作渠道,构建政府引导、市场主导、社会参与的跨国交通运输协作体系。建立与铁路合作组织、国际海事组织、国际民航组织、万国邮政联盟等国际组织事务合作机制,推动治理结构改革。健全国际合作平台发展机制,拓展国际合作平台,积极打造交通新平台,吸引重要交通国际组织来华落驻。建立国际科技与标准合作机制、海上交通执法和搜救等合作机制、航行安全保障合作机制,参与民航国际规则标准制定,共同维护国际运输通道安全。

第十一节　构建新时代交通文化体系

发展交通先进文化体系,广泛凝聚行业精神力量,是行业治理体系和治理能力现代化的深厚支撑。必须紧密围绕中国特色社会主义文化旗帜,坚持行业文化自信,推动文化创造性转化和创新性发展,激发全行业文化创造活力,为交通强国建设汇聚强大的精神力量。

一、坚持以社会主义核心价值观引领交通文化建设制度

推动理想信念教育常态化、制度化,继承和发扬以"两路"精神、青藏铁路精神、民航英雄机组等为代表的交通精神,培育符合时代要求、体现交通特色、凝聚行业共识的新时代交通精神,增强行业凝聚力和战斗力。坚持把社会主义核心价值观要求融入行业治理,体现到行业精神文明创建全过程。推进行业优秀文化传承发展工程。完善行业诚信建设长效机制,健全覆盖全行业的征信体系,加强失信惩戒。

二、建立健全行业文化可持续发展机制

建立多种运输方式文化融合发展机制,形成创新融合的新时代交通文化体系。完善文化品牌创建的引导激励机制,塑造精品文化。健全文明出行鼓励引导机制,构建文明礼让、扶弱向善、和谐有序的人文交通体系。完善交通文化和旅游融合发展机制,促进交通和旅游产业的良性互动、共赢发展。鼓励开展交通文化基础研究,开展文化对行业软实力提升和交通强国建设支撑作用的研究,建立交通文化理论体系。探索建立文化发展指数,对交通文化发展情况进行全面评估。

三、完善新闻宣传和舆论引导制度

坚持党管媒体原则,坚持团结稳定鼓劲、正面宣传为主,加强重大主题性宣传,构建网上网下一体、内宣外宣联动的主流舆论格局,弘扬交通发展正能量。建立健全交通运输全媒体传播体系。完善行业典型培树及宣传机制,充分发挥榜样的精神力量,提升行业美誉度

和影响力。完善舆论监督制度，健全重大舆情和突发事件舆论引导机制，完善突发事件应急宣传报道制度。完善行业新闻发言人制度，切实保障必要的办事机构和人员，确保行业新闻宣传信息渠道有效畅通。

第十二节 健全改革组织保障体系

认真贯彻落实党的十九届四中全会精神，完善交通运输制度体系、推进交通运输治理体系和治理能力现代化，是交通运输行业一项重大战略任务。必须加强党的领导，科学谋划、精心组织，远近结合、整体推进，确保意见中明确的各项目标任务全面执行到位。

一、加强党的领导

坚持党的全面领导，充分发挥党总揽全局、协调各方的作用，把党的建设始终贯穿交通深化改革开放和治理现代化建设的各个阶段、各个领域、各个环节，把党的政治优势、组织优势转化为交通改革开放和治理现代化建设的强大动力和坚强保障。善于站在国内国际两个大局、党和国家工作大局、全面深化改革全局来思考和研究问题，不断提高领导、谋划、推动改革的能力和水平。充分认识深化改革开放和推进治理现代化的重要意义，把实现交通治理现代化摆在重要位置，将其纳入相关规划部署和相关绩效考核指标，推动层层落实责任。

二、加强人才队伍保障

落实建设高素质专业化干部队伍要求，打造一支忠诚干净担当的高素质干部队伍，注重执政能力、领导能力、治理能力培养，促进干部队伍适应交通运输治理能力现代化发展的要求。加强交通运输行业执法队伍建设，进行针对性、实用性强的系统培训，切实提高行业执法人员依法行政的水平。针对网约车、无人驾驶等新业态、新模式、新技术对现代管理及制度带来的变革，加强培养一批懂交通、了解新技术、掌握新业态发展规律、熟悉法律法规的跨学科复合型专业人才队伍。高端人才、劳动大军、领导干部等三个层次。

三、加强制度执行

坚持中国特色社会主义制度。深入学习领会党的十九届四中全会精神，切实强化制度意识，严格执行制度。加强交通运输治理体系和治理现代化的综合协调和督促检查，密切跟踪了解工作推进情况和实施效果，适时组织开展评估，及时协调解决遇到的困难和问题。加强交通运输治理现代化建设的资金保障。加强各领域政策措施之间的统筹协调和综合配套，建立多地区多部门信息沟通共享和协同推进机制，增强工作的系统性、整体性、协同性。建立健全重大政策制度解读和培训制度体系。

第八章　全面深化交通运输改革的保障措施

实施有效的措施是交通运输全面深化改革的重要保障。本章主要从加强组织领导、加强顶层设计、推动改革创新、强化责任意识等方面,分析了推动交通运输全面深化改革切实可行的措施建议。

一、加强组织领导,注重统筹协调

认真贯彻落实党中央关于全面深化改革的决策部署,切实加强党对全面深化改革的组织领导,把各项改革举措落到实处。注重统筹协调,处理好解放思想和实事求是的关系、整体推进和重点突破的关系、顶层设计和摸着石头过河的关系、胆子要大和步子要稳的关系、改革发展稳定的关系,统筹谋划改革的各个方面、各个环节、各个要素,注重配套衔接,防止顾此失彼。加强与中央改革办等部门的对接。争取将全面深化收费公路制度改革、深化综合交通运输体制机制改革等交通运输重点改革上升到国家层面,提升行业改革力度和深度。健全统筹协调、督查激励、问责追究等改革工作制度。落实党中央最新深化改革部署,细化落实为年度全面深化交通运输改革要点,健全深化改革领导小组会议、狠抓改革任务台账、督查评估制度等关键环节,创新改革监管模式,完善改革评价体系,增强改革督察实效。

二、加强顶层设计,深入推进实施

加强新时代交通运输领域全面深化改革顶层设计和整体谋划,为中长期全面深化改革工作做好顶层设计。坚持一切从实际出发,深入基层一线和矛盾问题突出的地方调查研究，加强各项改革的关联性、系统性、可行性研究，统筹考虑、全面论证、科学决策，集中破解一批制约交通强国建设发展的改革重点难点问题，充分发挥重点改革对全局改革的引领示范、突破和带动作用。

三、推动改革创新，强化示范带动

为全面深入推进交通运输行业改革，建议遴选改革基础好、改革积极性高的地区，与交通强国建设试点相结合，开展深化改革示范区建设工作。制定方案统筹部署，形成全面推进改革强大合力。建立交通运输行业改革示范区跟踪评价制度及机制，及时掌握示范区改革进展情况。总结经验强化示范带动，以点带面，推动交通运输全面深化改革工作再上新台阶。

四、强化责任意识、做好宣传推广

强化担当责任意识。当前交通运输全面深化改革已进入攻坚期和深水区，交通运输行业各部门各单位要进一步强化担当意识责任意识，充分认识全面深化改革的重要性，坚定不移地将新时代交通全面深化改革推向前进。更好发挥各改革专项小组的作用，强化改革督察和成效考核工作，加强改革正向激励机制引导作用。做好交通运输全面深化改革的宣传推广工作，科学研判社会预期，及时回应社会关切，有效引导舆论导向，营造公平正义的改革环境，促进改革成果共享，着力凝聚全面深化交通运输改革的社会共识。

参 考 文 献

[1] 中共中央关于全面深化改革若干重大问题的决定[M]. 北京:人民出版社,2013.

[2] 中共中央关于全面推进依法治国若干重大问题的决定[M]. 北京:人民出版社,2014.

[3] 中共中央关于坚持和完善中国特色社会主义制度 推进国家治理体系和治理能力现代化若干重大问题的决定[M]. 北京:人民出版社,2019.

[4] 交通强国建设纲要[M]. 北京:人民出版社,2019.

[5] 中共中央关于全面深化改革若干重大问题的决定辅导读本编写组.《中共中央关于全面深化改革若干重大问题的决定》辅导读本[M]. 北京:人民出版社, 2013.

[6] 中共中央宣传部. 习近平新时代中国特色社会主义思想三十讲[M]. 北京:学习出版社,2018.

[7] 中共中央宣传部. 习近平总书记系列重要讲话读本[M]. 北京:学习出版社,人民出版社,2014.

[8] 党的十九大报告辅导读本编写组. 党的十九大报告辅导读本[M]. 北京:人民出版社, 2017.

[9] 交通强国建设纲要学习读本编写组. 交通强国建设纲要学习读本[M]. 北京:人民交通出版社股份有限公司, 2020.

[10] 交通运输部科学研究院. 新常态下交通运输转型发展研究[R]. 北京,2015.

[11] 交通运输部科学研究院. "十二五"综合交通运输改革与发展评估研究[R]. 北京,2016.

[12] 交通运输部科学研究院,等. 关于新时代交通运输领域全面深化改革研究(交通强国专题)[R]. 北京,2019.

[13] 交通运输部科学研究院,等. 交通运输科技创新体系研究(交通强国专题)

[R]. 北京,2019.

[14] 交通运输部科学研究院. 交通运输财务审计保障体系研究(交通强国专题)[R]. 北京,2019.

[15] 交通运输部科学研究院. 交通运输政府治理体系研究(交通强国专题)[R]. 北京,2019.

[16] 交通运输部科学研究院. 现代交通文明建设研究(交通强国专题)[R]. 北京,2019.

[17] 交通运输部科学研究院. 交通运输人力资源保障体系研究(交通强国专题)[R]. 北京,2019.

[18] 交通运输部科学研究院. 交通运输制度体系和治理现代化研究[R]. 北京,2020.

[19] 交通运输部科学研究院.《交通运输部关于全面深化交通运输改革的意见》中期评估[R]. 北京,2018.

[20] 习近平. 关于《中共中央关于全面深化改革若干重大问题的决定》的说明[J]. 前线, 2013, 34(12):22-30.

[21] 习近平. 切实把思想统一到党的十八届三中全会精神上来[J]. 党的建设, 2014(1):4-6.

[22] 刘先春,王小鹏. 十八届三中全会以来关于全面深化改革研究的综述[J]. 探索, 2014(6):13-20.

[23] 刘作翔. 当代中国的规范体系:理论与制度结构[J]. 中国社会科学, 2019(7):85-108.

[24] 施雪华. “中国式治理”的三条路径:国家治理、政府治理与社会治理[J]. 云南行政学院学报, 2015(05):45.

[25] 魏淑艳,英明. 国家治理现代化视野下的中国政府治理模式探讨[J]. 社会科学辑刊, 2015(02):59-65.

[26] 莫纪宏. 国家治理体系和治理能力现代化与法治化[J]. 法学杂志, 2014(04):27-34.

[27] 谭学良. 整体性治理视角下的政府协同治理机制[J]. 学习与实践, 2014

(04):78-85.

[28] 黄晓春,周黎安.政府治理机制转型与社会组织发展[J].中国社会科学,2017(11):119-139.

[29] 辛鸣."中国之治"的制度逻辑[J].理论导报.2018(11).

[30] 欧阳斌,褚春超,梁晓杰,等. 推进交通运输治理现代化:论应对新冠肺炎疫情的中国交通之治[J].交通运输研究,2020,6(1):2-12+18.

[31] 叶娟丽,范晨岩."中国之治"概念考[J].探索.2020(1).

[32] 蒋中铭.交通运输治理体系和治理能力现代化研究[J].综合运输,2018,40(12):33-37+105.

[33] 褚春超.推进与交通强国建设相适应的政府治理研究[J].交通运输部管理干部学院学报, 2019(3):7-10.

[34] 仇保兴.构建韧性城市交通五准则[J].城市发展研究.2017,24(11):1-9.

[35] 李玲,江宇. 有为政府、有效市场、有机社会——中国道路与国家治理现代化[J]. 经济导刊.2014(4):15-22.

[36] 郭强.深入准确理解全面深化改革[J].求是,2017,5.

[37] 张淼,李翠玲.准确把握全面深化改革进入新阶段的新要求[N].光明日报,2018-5-23(06).

[38] Romer. Paul M. Endogenous technological change[J]. Journal of Political Economy, 1990(98):S71-S102.

[39] (美) 约瑟夫·熊彼特.经济发展理论——对于利润"资本"信贷利息和经济周期的考察[M].何畏,易家详,等,译.北京:商务印书馆.

[40] 刘世春.关于交通运输管理体制改革问题的几点思考[J].交通运输部管理干部学院学报,2012,22(04):20-23.

[41] 郑丽.交通运输行政管理体制改革[J].科技经济市场,2015(08):90-91.

[42] 郑金文.论经济新常态下交通运输行政执法体制改革[J].青海交通科技,2016(04):9-12.

[43] 耿彦斌.论交通运输供给侧结构性改革[J].综合运输,2016,38(11):30-33.

[44] 葛晓鹏,王庆云. 交通运输系统供给侧结构性改革探讨[J]. 宏观经济管理,2017(05):46-50.

[45] 卢鑫. 城市公共交通行业市场化改革的反思——以德州市公共交通行业市场化改革为例[D]. 济南:山东大学,2008.

[46] 晏克非. 调存量、优增量、补短板——也谈我国城市交通供给侧改革[J]. 交通与运输,2017,33(4),1-3.

[47] 陈贤军. 城市轨道交通运输行业供给侧改革研究[J]. 中国总会计师,2017(01),132-133.

[48] 刘李红,李红昌,李连成. 供需匹配视角下北京综合交通供给侧改革研究[J]. 综合运输,2017,39(05),20-23.

[49] 谢辉,晏克非. 关于推进我国城市交通供给侧改革若干思考——以上海市交通发展为例[C]. 交叉创新与转型重构——2017 年中国城市交通规划年会论文集,2017.

[50] 聂丹伟. 新常态下交通供给侧结构性改革的思考[J]. 中国高新技术企业,2017(01),98-99.

[51] 吴燕. 交通运输经营管理实行市场化改革的必要性研究[J]. 经济研究导刊,2017(07):192-193.

[52] 杨涛. 论中国城市交通供给侧结构性改革与需求侧管制[J]. 人民公交,2017(03):32-35.

[53] 马庆鑫,华春光,宋文豪,等. "新常态"下我国物流与供应链发展趋势与政策展望研究[J]. 现代经济信息,2017(05):365.

[54] 何黎明. 推进供给侧结构性改革 培育物流业发展新动能[J]. 中国流通经济,2016,30(06):5-9.

[55] 张新,张毅,郑晓彬. 基于供给侧结构性改革的低碳交通体系研究[J]. 北京联合大学学报(人文社会科学版),2016,14(02):104-111.

[56] 翁燕珍,王利彬. 投融资体制改革对交通基础设施领域的影响——解读《关于深化投融资体制改革的意见》[J]. 中国公路,2016(17):56-61.

[57] 张传亭. 关于深化交通运输投融资改革调研报告[J]. 山东经济战略研究,

2017(04):60-64.

[58] 吴燕.交通运输经营管理实行市场化改革的必要性研究[J].经济研究导刊,2017(07):192-193.

[59] 夏雪,王海霞,刘洋,等.交通运输行业适应“营改增”税制改革,促进行业转型升级关键问题研究[J].交通世界,2016(33):6-7+23.

[60] 全永燊,潘昭宇.城市交通供给侧结构性改革研究[J].城市交通,2017,15(05):1-7+11.

[61] 杨涛.论中国城市交通供给侧结构性改革与需求侧管制[J].人民公交,2017(03):32-35.

[62] 杨晓光.高品质、高绩效服务导向型城市公共交通供给侧改革[J].交通与港航,2016,3(02):13-15.

[63] 杨向前.中国特大型城市出租车行业管制改革研究——以交通可持续发展和公共福利为视角[J].国家行政学院学报,2012(06):46-50.

[64] 高奎刚.交通运输改革发展和信息化作用的思考与建议[J].中国交通信息化,2017(06):26-28.

[65] 马同金.运用互联网思维推进交通运输公共服务供给侧改革[J].交通企业管理,2017,32(01):27-29.

[66] 王先进,杨雪英.国外交通行政管理体制[M].北京:人民交通出版社,2008.

[67] 综合交通运输管理体制研究项目组.综合交通运输管理体制研究[M].北京:中国铁道出版社,2014.